U0921817

红色记忆® 7

回忆在抗联的战斗生活

海南省文化交流促进会　编

南海出版公司

2011 · 海口

图书在版编目（CIP）数据

红色记忆·第1辑·7 / 海南省文化交流促进会编 .
— 海口：南海出版公司 , 2011.10（2025.1 重印）
ISBN 978-7-5442-5634-6

Ⅰ . ①红… Ⅱ . ①海… Ⅲ . ①革命传统教育 – 中国 – 青年读物②革命传统教育 – 中国 – 少年读物 Ⅳ . ① D642-49

中国版本图书馆 CIP 数据核字（2011）第 194559 号

HONGSE JIYI · DI 1 JI · 7

红色记忆·第 1 辑·7

作　　者	海南省文化交流促进会
总 策 划	刘　栋
主　　编	王晓建
执行总编	张　桐　张爱国
责任编辑	聂　敏
封面设计	郑广明
排版印务	冉苗俊
发行总监	杨成春
出版发行	南海出版公司　电话：（0898）66568508　66568511
社　　址	海南省海口市海秀中路 51 号星华大厦五楼　邮编：570206
电子信箱	nhpublishing@163.com
经　　销	新华书店
印　　刷	天津睿意佳彩印刷有限公司
开　　本	787 毫米 ×1092 毫米　1/16
印　　张	6.25
字　　数	100 千字
版　　次	2011 年 10 月第 1 版　2025 年 1 月第 2 次印刷
书　　号	ISBN 978-7-5442-5634-6
定　　价	39.80 元

序

对历史无知的人，没有真正的信仰可言；没有信仰的人，不可能拥有美好的理想，不可能胸怀崇高的情感，也就不可能担负起任何责任。用欲望文化代替历史教育，足以使一个国家的青年被腐蚀、使一个民族的希望被毁掉，使这个国家和民族被永世万代地奴役！

鉴于此，我们呼唤历史，唤回那段属于二十世纪的“红色”历史，唤回那段炮火硝烟、颠沛流离的历史，唤回那冲天的狼烟留下的悲壮回忆、岁月年轮沉淀的斑驳痕迹。历史不应该被忽略，更不应该被遗忘，牢记那段革命战争年代的红色历史更是责任。为了那些不应该被忘却的记忆，为了那些不应该被丢弃的信念，于是就有了这套《红色记忆》丛书。

曾记否，当草鞋与意志丈量出来的两万五千里穿越一个伟大民族五千年的荣辱兴衰，革命的火种被一路播撒、一路点燃。人迹罕至的雪山、荒无人烟的草地被鲜血浸透，衬映出一段光辉的里程；万水千山早已被远远地抛在身后，一轮红日在黄土高原磅礴而起。满目疮痍的河山在 1936 年 10 月温暖如春……

曾记否，当生命和鲜血浸染的十几年光阴将一种记忆铭刻进一个伟大民族的历史画卷，革命的火焰从星火到燎原。这栏杆拍遍、易水悲歌般的呼号，这折戟沉沙、慷慨赴义的悲壮，这铁马冰河、枕戈待旦的苦战，这红旗漫卷、所向披靡的豪迈……腔腔热血、铮铮铁骨早已被熔铸成一座不朽的丰碑，中华民族从苦难中百死后生的壮丽诗史凝结成了五星闪耀的红色记忆。

曾记否，中华人民共和国成立以来，又有无数英烈接过前辈用鲜血染红的旗帜，或壮怀激烈戍边卫国，或忠于职守鞠躬尽瘁，或绝甘分少奉献大爱，甘做国家强盛、人民富裕的铺路石，成为和平年代民族复兴的荣光，把人民心中的红色记忆浸染得分外鲜艳，永不褪色。

这红色记忆，是信念不衰、志向不改的崇高气节；这红色记忆，是无私无我、生属苍生的博大胸怀；这红色记忆，是敢为人先、披荆斩棘的拓荒精神；这红色记忆，是中华民族最宝贵的精神财富。它告诫我们，人事有代谢，传承无绝期。缅怀先烈精神，继承先烈遗志，是社会的道德和民族的良心，是后来者须臾不可忘怀的本分。

老一代人把历史的真实交付给我们，我们有责任用真实还原历史，传承给下一代，把那段岁月与现在年轻人的生活连接到一起，使他们眼中的历史变得立体、真实、可靠，让历史成为他们前进的动力。本丛书将那些流动的、随时会飘散在时间天际的事件凝固下来，希望透过这些文字、图片，感受到英雄们那坚定的革命信念，感受到那个年代澎湃的革命激情，真切体会那段“红色历史”。

忘记历史，就意味着背叛。让我们重温历史，缅怀先烈，从中汲取力量，毅然前行。

刘栋

目录 CONTENT

回忆在抗联的战斗生活

文/李　挺

东北抗联纪念园

1931年，九一八事变后，东北的锦绣河山沦陷为日本帝国主义的殖民地。日本侵略者疯狂地掠夺东北的资源、财富，大肆屠杀勤劳勇敢的东北人民，日本侵略者残暴的罪行激怒了富有反侵略斗争光荣传统的中国人民。在中国共产党的组织领导下，东北各地军民纷纷组织起来，同日本侵略者展开了艰苦卓绝的敌后游击战，在祖国东北这片广大的黑土地上，在白山黑水之间，到处燃起了抗日游击战的熊熊烈火。

饱受日本侵略者奴役的延边各族人民，在中国共产党的组织领导下，高举抗战大旗，同日本侵略者展开了顽强的斗争，用鲜血和生命谱写了无数可歌可泣的诗篇。

我亲身经历了这一历史时期，并参加这场反侵略战争，在战火的洗礼中，成长为一名信念坚定的革命战士，一名中国共产党党员。为了使这一屈辱的历史不再重演，为了使下一代人热爱祖国振兴中华，在此，我作为一名老战士将我的亲身经历讲述给同志们。

参加抗日联军

1918年12月20日，我出生于延吉许家沟一贫农家庭，九一八事变后我亲眼看到日本侵略者和伪满汉奸在东北犯下的滔滔罪行。

记得我十三岁那年，也就是1931年，我在许家沟一李姓地主家放猪。9月的一天早晨，我刚把猪赶到许家沟的东山上，就见一大队日军直奔许家沟而来。不一会儿，这一大队日军包围了许家沟，他们把全屯的乡亲集中在村里。日军端着上了刺刀的步枪，强令全屯的男女老少乡亲都跪下，并在乡亲们的身后架上了机枪和小炮。一个日本指挥官带着几个兵，从人群中拽出了七个朝鲜族老乡，其中头一名就是大屯的“百家长”，我们都叫他金大爷。凶残的日军，用铁丝穿过七个被抓的人的手心，并连成一串后，就把他们推到一间房子里，把门和窗户用钉子钉上，然后一个日本兵把汽油浇到门窗和房上，并掏出火柴点着了房子。瞬间，熊熊大火就把小房子吞没了，我们眼睁睁看着这七名乡亲活活被烧死。这次大屠杀，日军惨无人道的罪行深深地刻在我的脑海中，我对日军充满了仇恨。

1934年我在延吉局子街，给何大把头赶马车时，何大把头包了日本国际公司的几千米木头的采伐、运输工程，他雇了九十多名工人在汪清县小梨树沟里伐木。小梨树沟山高林密，方圆几十里无村屯，是土匪“胡子”经常出没的地方。这些由流寇兵痞组成的群体，也时常打着抗日的旗号，经常到我们所在的伐木场“敲竹杠”，勒索钱财，抢劫物品，无恶不作。有一天傍晚，我赶着马车往林场走，快到林场时，突然从路边的树林里跑出四五个带枪的人，其中一个用枪顶着我的胸口，要我给他们几个人带路。我不想给他们带路，告诉他们我不知道路，这伙土匪十分恼火，对我一顿拳打脚踢，打得我头破血流，趴在地上，他们见我不动了，起身扬长而去。从此以后一听说“胡子”来了，我们就躲得远远的。

1935年2月13日夜里，天气十分寒冷，西北风呼啸着把我们住的工棚刮得吱吱乱响直摇晃。大约9点多钟时，我们住的房门突然被人拉开，进来了三十九名全副武装的军人，其中一个为首的中年军人说：“你们不要害怕，我们是抗日义勇军，是专打日本鬼子的队伍，不伤害咱老百姓。今晚我们要在你们这借住一宿。”这支队伍吃过饭后，便对我们进行了宣传，告诉我们日军侵略了我们的国土，打日本人人有责，还告诉我们说：“抗日义勇军就是中国共产党领导人毛泽东、朱德领导的红军，是抗日的军队，是人民的队伍。”那个中年军人把我们三个年轻人拉到了一起，对我们热情地说：“你们都是受苦人，日本鬼子、地主把头、土匪‘胡子’都在压迫和剥削你们。你们应该参加抗日义勇军，去抗日，把日本鬼子从中国赶出去，打倒地主把头和土匪，到那时你们才能过上幸福生活。”我们一看这个队伍的人说话和气，和蔼可亲，不打人，不骂人，不抢东西，心里想着这就是人们常说的共产党吧！我们三个年轻人一商量就一块报了名参加这支队伍。那位中年军人看我们三人一同参加抗日义勇军十分高兴，他说：“我就是这个连的指导员，姓黄，咱们是东北人民抗日义勇军三团四连，连长姓卜，团长姓方，团政治委员姓金，叫金日成。”我被分配到四连一排一班，排长是名朝鲜族同志，名叫南日。2月14日清晨5点多钟，我们三人告别了林场，告别了患难与共的工友们，跟随着义勇军部队在黎明的曙光中，迎着

凛冽刺骨的寒风，向密林深处走去。翻越了两道山岗后，我们到了一个有二十几名朝鲜族工人居住的小木邦营地。这是一处密林深处的山坳，有两幢木房，东边是较大一些的正房，西边是一幢小屋。黄指导员命令部队原地休息，我们一排和二排住正房，三排住西下屋。

砰！砰！突然的枪声把我从睡梦中惊醒，枪声像爆豆般响成一片，我们被日军包围了。日军用机枪封锁了房门和窗户，他们向屋内大声叫喊道："你们被包围了，快投降吧。"这时我们排长坚定地告诉我们说："不要慌，坚决顶住，准备好突围。"我们连的司务长环视了一下小屋，只见他猛地往上一跳，把木屋的房顶撞开了一个大窟窿，然后他跃上房顶，果断地说："跟我来。"我们一个接一个地上了房顶，上房后就势一滚就落到房后边一条很深的大沟里，往北跑出一百多米后有个约十米长的冰凌陡坡，顺着冰坡滑下后我们就冲出了日军的包围。

当我们赶到第一个紧急集合地点后，连长清点了一下人数，少了七位战友。紧接着向第二集合地出发，到达集合地后，只找到了一个哨兵，黄指导员等几位同志没有出现。我们在这里等了大约七八个小时，始终没有见到他们的踪影。

当天深夜，我们怀着复杂而沉重的心情返回战场，寻找黄指导员和其他战友。就在三排住的木屋门前，我们发现了黄指导员和其他几位战友的遗体，他们为了掩护战友突围和敌人进行了激烈的战斗。望着烈士的遗容，热泪夺眶而出，我们用白雪、松枝掩盖了烈士们的遗体，向烈士们脱帽敬礼。

时隔不久，团部交通员林峰（当时名为林国富）找到了我们四连，传达团首长命令，要我们四连紧急赶回汪清县腰营沟。

2 月 15 日晚上我们返回到汪清县腰营沟团部的驻地。16 日方团长、金日成政委召开全团大会，会上金日成政委宣布：经调查第四连连长是一名日本民生团的特务，这次我们在小梨树沟被日军包围就是他事先向敌人报的信。宣布后立即由几名战士将这个特务架出去，执行了枪决，给了这个特务应得的下场。

辣椒面手榴弹大显神威

我刚参军时背着一个约五斤重的辣椒面手榴弹。那时部队枪支弹药严重不足，正如《游击队之歌》唱的"没有枪，没有炮，敌人给我们造。"指战员们开动脑筋，利用能搞到的物资，造出了许多土炸弹，其中辣椒面手榴弹是有实战意义的一种。造这种炸弹的方法是：首先把火油桶剪开，把洋铁皮剪成一尺宽、一尺多长的形状，把它卷成铁筒，堵上其中的一头，把破铁锅、破碗、石头等，砸成手指甲大小的块，装到铁筒内，再放上一包干辣椒面，把炸药、雷管装好，然后把铁筒封好口，外面用铁丝捆扎牢固，一个土炸弹就造好了，我们给它起了个好听的名字——辣椒面手榴弹。

汪清县北影壁砬子驻有一队伪军，一个当官的，十三个士兵，一个伙夫共计十五人。一天半夜，由崔显同志带队，抗联的战士悄悄地包围了伪军的驻地。一声令下，战士们把几枚辣椒面手榴弹从窗户扔了进去，就听到轰轰的几声巨响，手榴弹在屋里炸开了花，几个伪军在睡梦中就上了西天，活着的伪军被辣椒面呛得双眼无法睁开，喷嚏一个接一个，我们的战士乘机高喊："缴枪不

杀！”伪军们急忙把枪支从窗户扔了出来，当伪军高举双手从屋里走出来时，个个双眼流泪，打着喷嚏。这次战斗缴获十三支三八大盖步枪，一支六轮手枪。日军和伪军们曾多次吃过辣椒面手榴弹的苦头，也多次研究对付的办法，无奈始终没有搞清楚其中的秘密。辣椒面手榴弹也就成了使敌人心惊胆寒的武器。

拔掉敌人的荒沟据点

汪清县小梨树沟到消石砬子有六十多里地，荒沟在这两地中间，是进出汪清北部山区的重要关口。日军根据战略需要在荒沟修了据点，并由约四十名特设部队长期驻守，这支特设部队装备日军部队武器，老百姓称他们为“二鬼子”。荒沟特设部队自恃武器精良，根本不把抗联部队放在眼中，他们为虎作伥，敲诈勒索百姓，凡是往来的人员都必须过卡子，受检查，木场的工人和当地百姓给抗联代买的棉衣、粮食、食盐、药品等物品常常被他们查出扣留。当地人民恨透了这伙“二鬼子”，抗联领导下决心要拔掉这颗钉子。

一天半夜时分，由我们团方团长带队，六十多名战友趁着夜幕的掩护，摸到了敌人据点。方团长带尖兵把敌人的哨兵摸掉后，战士们迅速包围了敌人住的房屋，一名战士猛一脚将门踹开，十几名战友冲了进去，喊道：“举起手来，缴枪不杀。”这些“二鬼子”一下就吓傻了，抗联战士乘机跳上炕，把挂在墙上的枪全部摘下。临出门时告诉他们我们是共产党的部队，就这样只用了几分钟就结束了一场战斗，并缴获了四十多支好枪。抗联部队神出鬼没的游击战把敌人打得晕头转向，令敌人胆战心惊。

打日军的三岔沟洋行

三岔沟是日伪在汪清的一个重镇。这里有一个日军开办的洋行，有布匹和其他生活必需品，能够解决部队的给养和附近老百姓的生活问题。部队决定攻打三岔沟，夺取日本洋行的物资。

从 1935 年 2 月开始，我们部队就多次派出侦察员进入三岔沟侦察敌情。三岔沟的正街是一条南北直通的大街，约有一里长，日本洋行的商店就在大街的中心处，由街道中心往东走半条街驻守着日军的守备队，其兵力达六十余人。三岔沟街的北口驻守伪军一个连，南口驻守一个伪警察所。对三岔沟镇的四周地形，我们也做了认真调查。三岔沟的东面是托排沟，往东二三十里路是棒槌营（出产人参的地方），再走七十里路就

是腰营沟，这就是抗联三团的秘密营地。三岔沟的西面是四方台，南面是前后河

抗联密营

（也叫蛤蟆塘），往北走不远就是转脊楼。三岔沟共驻守敌军近两百人，而我们团兵力只有八十余人，武器方面敌军装备精良，我军装备十分落后，战士们手中的武器五花八门，有日本的三八大盖，英国造的马联匣、捷克式、汉阳造，奉天的老牌十三响，还有就是火力较大的土造枪，大抬杆一次可装三斤火药，需两人操作，杀伤力很大，胜过七点五迫击炮。

1935 年 2 月中旬的一天，我们全团由方团长率领，下午 3 时许由密营腰营沟出发直奔三岔沟。当天晚上大约九点多钟，我们到达了托排沟，这里距三岔沟还有一段路程，方团长命令部队原地休息，并进行了战前动员。方团长说：“我们在今天夜里十二点进入三岔沟镇，总攻时间定于明日凌晨一点钟。三连、四连主攻日军守备队，五连堵击伪军那个连，同时派出南日排长带领几名战士袭击伪警察所，以我的匣子枪三响为令，作为总攻开始的信号。”

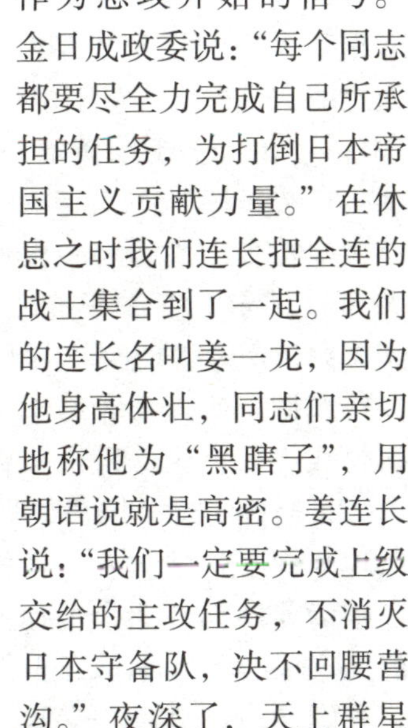

金日成政委说：“每个同志都要尽全力完成自己所承担的任务，为打倒日本帝国主义贡献力量。”在休息之时我们连长把全连的战士集合到了一起。我们的连长名叫姜一龙，因为他身高体壮，同志们亲切地称他为“黑瞎子”，用朝语说就是高密。姜连长说：“我们一定要完成上级交给的主攻任务，不消灭日本守备队，决不回腰营沟。”夜深了，天上群星闪烁，风好像也小了些，我们趴在三岔口镇郊的雪地上，注视着三岔沟镇内鬼火似的灯光。突然间，三声清脆的枪声，砰、砰、砰，枪声划破寂静的夜空，战斗开始了。方团长是有名的神枪手，每枪必中，弹无虚发，只见两个日本哨兵被他送上了西天。我们两个连迅速把日本守备队包围起来，一颗颗复仇的子弹射向敌人，把日军打得慌了神，不知道来了多少抗联部队，他们只是盲目地乱打枪。伪军和伪警察也摸不清是怎么回事，躲在屋里不敢露头，跟着瞎打枪。金日成政委带领战士和群众打开了日本洋行的大门，背的背、扛的扛，不一会儿，把洋行的物资全部运走了。当敌人清醒后准备反击时，我们已按照上级的命令全部撤出了战斗。

在攻打三岔沟的战斗中，我们在没有损失一兵一卒的情况下，缴获了敌军大量的物资，单是缴获的布匹就解决了

全团冬季御寒服装的问题。特别是通过这次战斗狠狠打击了日军、伪军的嚣张气焰，显示了抗联部队敢于攻打敌人驻有重兵大镇的强大战斗力，大长了中国人民的志气，灭了日本侵略者的威风。

孤胆英雄

在抗日联军中，有一位传奇式的英雄，他姓金，因为有一次他身穿一件白大布衫，赤手空拳夺了敌人哨兵的枪，同志们亲切地管他叫“白大布衫”，而那些伪军们一听白大布衫来了就会吓得双腿打战。那一天，老金头戴毡帽，身穿白大布衫，手持一根“文明棍”，大摇大摆地来到了依兰镇。一个伪军端着枪正在哨卡前站岗，老金走到这位伪军哨兵前面，很有派头地从兜里掏出一盒老刀牌香烟，自己点燃一支吸了起来。这个伪军一看就感到此人来头不小，也就没敢问什么，老金见状，又拿出一支烟递给了这个伪军，说道：“兄弟，抽一支。”伪军见状把枪一挟，腾出一只手接过烟。说时迟那时快，老金一把就将挟在伪军腋下的枪夺了过来，压低声音命令伪军说：“别动！我是共产党，等我过了东山你再喊。”这个伪军当时就吓破了胆，等老金跑出了老远，他才高声喊道：“不好了，共产党把枪抢走了。”敌人听到后，机枪、步枪一齐向东山打去，这时我们的老金早已持枪安全转移了。

腰营沟里三次反讨伐

中国共产党和毛主席、朱总司令领导的抗日联军是插入日本帝国主义战略后方的一把利剑，是东北人民坚持敌后游击战的中流砥柱。抗日联军对日本侵略者的频繁打击，特别是三岔沟战斗打了日本洋行后，日军恼羞成怒，决心拔掉这颗“眼中钉”“肉中刺”，妄图一举消灭这支抗日军队。从1935年2月18日开始，日军纠集了大批人马，在不到半个月的时间里对我们进行了三次大讨伐。

1935年2月18日的深夜，日军的讨伐队从延吉局子街和汪清等地纠集了五百多名日本兵，在夜幕的掩护下，悄悄地摸到我们抗联三团的秘密营地——腰营沟。当我们的哨兵发现日本兵时，敌人已从三面包围了我们。我们哨兵见情况紧急，连鸣三枪向部队报警。同时三面包围我们的敌军的枪声也响了起来，子弹像雨点般朝我们射来。在这混战之际，暗藏于我们部队内部的两个民生团特务分子企图暗杀政治委员金政委，结果阴谋没有得逞。我们部队在方团长的指挥下抢占了西山头，这是腰营沟的制高点，占据它就可以控制整个腰营沟的战斗局面。占领高地后，经过短暂的部署，我们就开始了反击。所有的轻重武器一齐向山下的敌人打去，第一排枪就打死了好几个日本兵。这时天也蒙蒙亮了，日军的指挥官一看地形，对他们十分不利，既占不到便宜，又害怕中了我们的埋伏，他哇哇怪叫后，日本兵们就抬着尸体和伤兵狼狈地逃走了。

日军第二次讨伐我团腰营沟营地是五天以后，也就是2月23日。那天早晨天刚刚放亮时，我们派出的第一道岗哨的战士就发现了给日军带路的汉奸。当时我们派出的岗哨是双岗，一明岗一暗哨，这时一个哨兵留下监视敌人，另一个哨兵迅速向方团长报告敌情。不一会儿就看到从大荒沟方向来了大队的日军讨伐队伍，大约有五百人。不大工夫，东山的哨兵又向团长报告，从东面又来了两百多名日军的讨伐队。面对七百多

日军的夹击攻势，团首长们毫无惧色。方团长沉着冷静，他命令三连迅速占领西山，四、五连占领北山，各连准备好大抬杆，把敌人放近后再打。我们的大抬杆是部队的重武器，一炮就轰一大片。不一会儿只见三百多日本兵包围了我们的空营房，日本兵搜索不到抗联队伍，就放火烧我们的营房。就在此时，方团长命令到："打，狠狠地打！"我们的大抬杆发出怒吼。只听到轰、轰、轰几声巨响后，十几个日本兵死的死伤的伤，日军的指挥官以为中了埋伏，就见他把指挥刀一挥，怪叫几声撒腿就跑。那些日本兵把死了和受伤的同伙拖拽着，跟着指挥官就跑。这时已埋伏于腰营沟口西山坡上的一个班的战友们，朝着这群日本兵又是一阵枪响，吓得日军魂飞胆破，一溜烟似的往荒沟方向逃去，不一会儿就无影无踪了。看到日军被打跑了，我们从山上下来，把藏起来的粮食挖出来，生火煮饭，大家一边吃着煮熟的苞米粒和盐黄豆，一边谈论着战斗的情景。接连的反讨伐，使我们越战越勇，战友们情绪十分高涨。说实话，当时我们在生活上是十分艰苦的，自从我参军就连一顿小米饭都没吃过，唯一的粮食是苞米。虽然生活艰苦，但是能亲手打日军，在政治上获得解放，革命军队的官兵平等，同志战友亲如兄弟的关系等等，使我深深感到革命队伍中的温暖和幸福，生活上的艰苦也就很容易克服了。

又过了五六天，日军为讨伐我们，把边境线上的兵也调了过来，这次他们共纠集了上千人，对腰营沟的抗联部队进行第三次讨伐。当时抗联部队每个团人数最多的也不过几百人，我们三团全部兵力也就一百余人。正好在几天前抗日救国军十旅的史旅长带着五十多人过来了，两个部队加在一起，一共有一百五十多人。

2月末，一千多名日伪军组成的讨伐队伍在飞机和迫击炮的掩护下，又向腰营沟扑来。我们的方团长、金政委、抗日救国军的史旅长研究分析了当前的局势后，作出了决定，放弃腰营沟营地，向罗子沟转移。我们把不能带走的物资全部掩埋了。天还没放亮，我们紧急从腰营沟的东山口撤出，奔往通罗子沟的大道，这时日军已占领了腰营沟的西山，正在搜山。当翻越一座山岗后，突然发现前面有一支部队迎面向我们走来。我们尖兵班用日本旗语向对方询问："你们是干什么的？"对方回答："是罗子沟的满军，到腰营沟协助讨伐抗日游击队去。"听到对方回答后，方团长立即命令我们抢占有利地形，准备消灭这股敌人。就在这时又发现从荒沟往罗子沟方向来了三百多个日本兵，而且离我们很近了，我们马上掉转枪口，同日军打了起来。随后我们又同伪军接上了火，打了一会儿，我们撤出了阵地，顺着一条河沟爬上了东山顶。在山上我们看到日军和伪军相互激战，日军的歪把机枪咔咔地响个不停，迫击炮弹不断在伪军头上开花，伪军也不甘示弱，轻、重机枪子弹雨点般向日军扫去，狗咬狗地打了足有一个小时，最后日军拖着十五具尸体撤出战斗。在这次遭遇战中我们部队也受到了严重的损失，方团长等三名同志挂了彩。最后我们成功冲破了敌人的包围，到达了罗子沟。到罗子沟后不久组织上就批准我加入共产主义青年团，5月份组织上又提升我为一排二班长。当时我的排长是南日同志，也就是后来的朝鲜人民

东北抗日联军骑兵部队

密林中的东北抗日联军

战斗在白山黑水间的东北抗联将士

老黑山

军南日大将。

三进老黑山

经过一个多月的连续战斗和急行军，1935年5月上旬，部队转移到了汪清县罗子沟。当时部队相当疲劳，团首长决定，在罗子沟休整一周恢复元气并集结待命。

根据中国共产党东满特委马英同志的指示，要狠狠打击东宁国境线上的敌人——靖安军。靖安军是伪满洲国皇帝溥仪的嫡系部队，其部队的编制、武器装备和军事训练，同日本军队完全相同，就连服装也同日军的一样。不同的是在军装的袖口有一圈红饰条，以示同日本军队的区别。当地老百姓和抗联部队都称靖安军为“红袖头”。

特委马英同志指示我们，要集中优势兵力，做好充分准备，组织好，计划好，完成上级交给的任务。不久，抗联四团由珲春来到汪清县罗子沟，同我们三团胜利会师了，按特委指示我们共同完成袭击老黑山靖安军的任务。特委同时决定，三团和四团，统由四团团长侯国忠同志和三团政委金日成同志指挥。按侯团长的具体布置，各连队要准备半个月的给养。我们四连的卢司务长那几天日日夜夜地筹集军粮，忙得不可开交。金日成政委派出团部交通员林峰同志（当时名叫林国富）前往罗子沟的伪军连，通过内线搞到一些急需的子弹和胶皮袜子。

东北的5月份已经是天和日暖了，但我们还是身穿破烂的棉冬装。金日成同志说：“我们什么时候把老黑山的靖安军消灭了就什么时候能够换上单军衣。”战士们也都高兴地说：“没有吃，没有穿，只有敌人送上前，敌人已给我们准备好了军衣，就等我们去取了。”

部队第一次袭击老黑山，是从1935年5月21日开始。那天早晨部队从罗子沟的牛圈沟出发，直奔罗子沟的东山。沿着崎岖的山间小路前行，大约走了四十里路，侯团长下令：“原地休息半小时。”尖兵班注意着前方警戒，这时部队集中了一下，政委金日成同志做了战前动员，他说：“第一次袭击老黑山的主要目的，是摸清靖安军的武器装备情况和人员情况，熟悉老黑山一带的地形。”他继续讲到，“现在国境线一带没有老百姓，原有的老百姓都归了大屯，房子都被日军烧掉了，因此我们会遇到许多困难，但是我们一定会战胜困难，取得胜利。”经过短暂的休息和战前动员，部队又继续前进了。大约走了一二里地时，就开始翻越七十二顶子，所谓的七十二顶子就是七十二个山头。我们也不知翻过了多少山头，在日头挂在正中时候，部队停止了前进，就地开火做午饭。部队以排为单位，大家拾了一些干树枝点着火，用搪瓷盆子当锅，当小米煮熟时把洗净的野菜放进去，做了一顿有风味的午餐。当时我们每人只背了十五斤左右粮食，根本不够吃，怎么办？困难难不倒抗联战士。5月的东北，山野菜满山遍野，有明月菜、刺老芽、山蕨菜……挖到野菜后，洗净用开水烫一下，放些盐，一拌就能吃。午饭后部队继续前进，当翻过七十二顶子后，太阳已经落山了，又走了十几里路部队就宿营了。晚饭后，战士们用刺刀砍了些树枝和野草，把草铺在地上，围着燃起的篝火开始休息。那时抗联战士的生活正如歌中唱到的："天当被，地当床，野菜野果当干粮。"

第二天下午部队走出了原始森林，我们刚一出树林就被汉奸特务发现了。我们这次来老黑山的目的是摸清敌军的情况，所以也就没有理会这些汉奸们，让他们去给靖安军报信。部队继续向国境线挺进。当我们走到老黑山黑瞎子沟上一个小山凹之时，看到这里地形很好，部队就驻扎了下来。转天的中午时分，南山的哨兵突然鸣枪报警，紧接着北山山头的哨兵又连鸣三枪。当时规定，哨兵鸣枪三响是特急警报，枪声就是命令，战士们迅速越过一条干涸的河床，爬上东山顶。在山头一望，只见黑压压的一群敌人向我们奔来。我们看清了敌人的一切情况后，就立即撤了下来，紧急返回了罗子沟。

第二次袭击老黑山的目的是摸清靖安军的驻地情况。6月初的一天，我们来到罗子沟的老母猪河屯子的刘姓百家长家。刘百家长虽然是地主，但他拥护抗日武装部队，我们通过他搞了一些给养。给养筹齐后，我们于6月中旬的一天在绿色的大森林掩护下，奔向老黑山王八脖子靖安军的营房驻地。经过两天的急行军，我们又走出了原始森林。为了防止汉奸特务们的跟踪，我们没有生火做饭，只用凉水拌炒面解决肚子问题，6月的天吃凉水拌的炒面就像吃凉糕一样香甜可口。白天我们隐蔽在山上观察敌人的阵地和炮楼，晚上就派出侦察兵到敌人阵地附近侦察。一天晚上，侯团长亲自带领侦察班摸到靖安军的岗楼附近，在距敌岗哨只有十几米远的地方，侯团长把英国造的马连通一举，对着敌哨兵的脑袋就是一枪，敌哨兵应声倒下。枪声一响，敌人的营房就如同炸了锅的蚂蚁一样，乱作一团。敌人把机枪、迫击炮都架上了，没有目标地乱打一通，这毫无目标的射击足足打了两个钟头。侯团长带着侦察兵乘着夜色的掩护安然无恙地回到营地。敌人被我们搅得乱了手脚，我们两次袭击老黑山都按计划完成了。我们又返回了罗子沟营地。上级首长指示，第三次袭击老黑山要引蛇出洞，把敌人引出来，引到我们设下的口袋中全部歼灭他。这是一场硬仗。王八脖子驻有靖安军一个连，敌我双方人员比例大约一比一，但靖安军武器装备好，其战斗力与日军部队不相上下。靖安军每个连队中设有两名日本指导官，也就是实际上的指挥官，就是靖安军的连长也要听从日本指导官的指挥。部队经过一昼夜的急行军，在天刚放亮时我们就到达了原始森林的边缘。这时上级命令走出原始森林后不准开火，不准喧哗吵闹，不准吸烟，以防敌人发觉。敌人的特务不敢走进原始森林，只是在原始森林的边缘活动，害怕抗日武装要了他们的命。在7月23日深夜我们进入了阵地，整个战斗由侯团长指挥。侯团长令三团埋伏于南山岗，由金日成政委具体

负责，四团埋伏在北山岗，东西沟宽约一华里，这样一埋伏别说是靖安军，就是活神仙也休想飞过去。部队埋伏好后侯团长命令侦察班把敌人引进来。侦察班走了以后，侯团长说："敌人来了后，先把敌人的尖兵放过去，等敌人大部队进入伏击圈后，我第一枪把日本指导官打下马，然后南北山一齐开火，一定要把敌人消灭在伏击圈内。"

我们在伏击阵地等了一夜，敌人也没来。这一夜我们被蚊子和小虫咬得够呛，光被咬也不敢动，不准吸烟，不准说话，害怕暴露了目标。等太阳从东方升起的时候，我们的侦察班把靖安军从三里地之外的驻地引了过来。敌人的尖兵很快就尾随着我们的侦察班从我们眼前跑了过去。不大一会儿敌人的大队人马进入了我们的伏击圈，战友们早已把枪口瞄向了敌人，焦急地等着侯团长的枪响。领头的那个日本指导官气焰十分嚣张，骑着一匹大洋马，高举着日本指挥刀，耀武扬威地走在靖安军的前面。忽然间只听呼的一声枪响，就见这日本指导官一声惨叫，一头从马上栽了下来，他手中的那把东洋指挥刀一下子扔出了二三米远。这时南北山的枪声齐鸣，打得靖安军鬼哭狼嚎。在靖安军队伍后边的那个日本指挥官见大势不好，掉头就跑，一口气跑到他们在王八脖子的岗楼时，他连吓带累地吐了好几口血。这个日本指挥官见大势已去急忙带着几个看守营房的靖安军一溜烟地逃跑了。经过一阵激烈的枪战，侯团长站起来大喊一声："冲呀！"抗联的勇士们手持长枪大刀，喊声震天地冲下山去。靖安军被这突如其来的打击吓破了胆，没死的都放下了枪，乖乖地举起了双手。激烈的战斗不到一小时就结束了，我们全歼了靖安军一个连，打死打伤四十多名敌人。活捉了八十多名敌人，缴获三八大盖步枪八十多支、迫击炮一门、重机枪一挺、歪把子机枪两挺。当时的迫击炮和重机枪，敌人还没来得及从马身上卸下来就被我们缴获了。打扫完战场，为防止敌人大部队增援，我们立即押着八十多名俘虏，迅速撤离战场，向罗子沟方向转移。押着战俘，带着重武器在原始森林中行军是十分困难的事，我们用缴获的战刀在前面砍树枝开路，否则驮着迫击炮和重机枪的马匹就无法前进。晚上大约6点钟天下起了雨，部队只好就地宿营。战友们用刺刀扒桦树皮，搭起小窝棚，拾干柴燃起篝火，点火煮饭，烤淋湿的衣服。这时雨越下越大，小窝棚根本就遮不住雨，不一会儿大雨把篝火也浇灭了，雨水哗哗地从我们身上流过，使我们根本无法入睡。后来大家索性不睡，一直坐到了天亮。次日清晨，天气晴朗。我们吃了一顿丰盛的早餐，雪白的米饭就着咸萝卜菜，这都是靖安军在这次战斗中送给我们的"慰劳品"，早饭后部队开拔继续向罗子沟前进。当我们这支胜利回师的部队行至罗子沟东岭时，部队停了下来，架起了新缴获的迫击炮，向罗子沟镇南的敌人岗楼轰了两炮，以示对他们的警告。

在第三次袭击老黑山战斗开始前，东满特委的马英同志给驻珲春的伪军连去了一封信，信中指出打日本光复祖国人人有责，号召他们参加抗日武装队伍，及早悔过自新，反戈一击打击日本侵略者……就在我们取得了老黑山战斗胜利返回罗子沟镇牛圈沟的第四天，我们的哨兵从望远镜中看到来了三个倒扛着枪，用枪探条打着白旗的伪军，他们是来投降抗日队伍参加革命打击日本侵略者的，这次有一个连的伪军哗变，参加了革命。

这天晚上，我们部队在驻地召开了一场盛大的军民联欢会。晚会开得十分热闹，军民们唱歌、跳舞，气氛热烈，情景感人。大家高兴得像过年一样，尽情地唱啊，跳啊。晚会结束前，我们团政委作了总结讲话，并告诉部队，根据斗争形势的需要和上级的指示，我们明天将离开东满，向北满、宁安、牡丹江一带进行战略转移，扩大和开辟新的游击区，将北满、东满连成一片，广泛地发动更多的人民群众，形成更大的抗击日本侵略者的游击阵线。

在随后的日子里，我们部队在中国共产党东满特委的领导下，时而分兵，时而聚集，在汪清、春化、宁安、敦化、额穆、安图等地，在白山黑水之间英勇地抗击了日本侵略者，打击了伪军汉奸。

1936年末，我和林峰等战友，作为抗联骨干力量，受组织上派遣，远赴苏联莫斯科学习。在苏联莫斯科东方民族学院经历了近三年的学习生活后，1939年末我们回到了祖国的新疆，在新疆红四军特科大队又经历了一段专业军事培训，我们这些老战友分别被派往在祖国各地的抗日战场。我同部分战友回到延安，成为八路军总部炮兵团的一员。

活着就要走下去

口述 / 邓才文　整理 / 马殿振　马京生

1933 年 4 月，我参加红军，被分配到红三十一军二七一团。红军战士吃的是玉米秸秆，穿的是从敌人尸体上扒下来的衣服，作战负伤后只能用食盐清洗伤口。

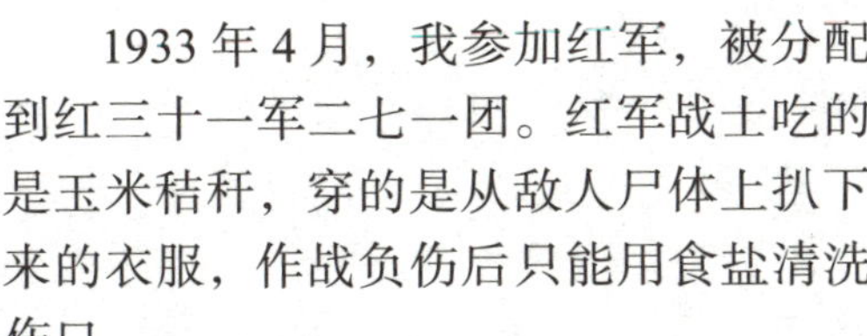

中央红军与红四方面军会合后，红军决定爬雪山、过草地，继续北上抗日。夹金山是红军在长征路上翻越的第一座大山，山上终年积雪，空气稀薄。红军战士们大多来自南方，好多人以前从未见过大雪山，更不用说爬了。山上的白雪刺得战士们睁不开眼睛，大家在冰雪上前进，摔倒了，爬起来继续走。我曾眼睁睁地看着一些战友好不容易爬上山顶，却在那里永远闭上了双眼……

由于受张国焘分裂主义的影响，我所在的红三十一军曾三过草地。草地气候变化无常，时而烈日当空，时而风雨交加，时而大雪纷飞。草地上没有路，人和牲畜只能在草皮上行走，走在上面就像踩着棉花一样，一不小心就会陷进沼泽泥潭，越挣扎就陷得越深，很多红军战士因陷入泥潭或饥寒交迫，长眠在这茫茫的草地上。过草地的最大困难是没有吃的。第一次过草地时，每人只分了几把豌豆。第三次过草地时情况好一点，每人都带了炒面、腊肉、食盐等，有三四十公斤重，但由于行走不便，只得扔掉了。后来为了生存，大家只能吃皮带、树皮、草根。有天，我和战友在一片灌木丛中发现了一种草，叶子很细，根茎粗壮，形同萝卜。大家放进嘴里一嚼，味道甜丝丝的，不料一会儿渐渐变辣，辣得嗓子生疼，一个小时内有二十多名战士相继中毒身亡。我赶紧跑到水塘边，喝了一肚子凉水，稀释了体内的毒性。直到下午，我才醒来，从地上爬起来，跌跌撞撞又走了四天，终于走出了那片可怕的沼泽地。

背着大锅长征

文/李　健

红军长征过程中使用的大铁锅

贾德福是红四方面军妇女工兵营里年龄最大的一位。说是最大，其实当时也不过二十七八岁，她是妇女工兵营炊事班班长。由于她对年纪小的战士们特别爱护，日子久了，大家不知不觉中就把她的辈分抬上去了，都喊她“贾老婆”。

大家这样叫着，她也就真的把自己当婆婆辈啦。

做长征前的准备时，“贾老婆”简直想把伙房都搬走。粮食、菜、油、盐统统装满后，还在自己的干粮袋子上缝了许多小口袋，里面装着姜、蒜、辣椒、胡椒等调味品。她一边使劲往里填一边还惋惜地唠叨说：“装不完，咋个办哟。”

有人取笑她，这是行军打仗，不是搬伙房。她说：“妹子们哟，行军打仗也要吃饭嘛。”

“贾老婆”是背上几十斤的口粮和一口大铁锅，踏上漫漫长征路的。

渡过嘉陵江，走在剑阁古道上。从石崖上凿出来的小路，上是望不到顶的峭壁，下是深不见底的山谷，又逢阴雨连绵，脚下路滑，稍不小心掉下去就会摔得粉身碎骨，加之头顶上敌机不断地轰炸、扫射，这时贾德福背着大锅真有点不堪重负了，一路上她总掉在队伍的最后。

为此，大家要抢她的锅背，她却打趣地说：“背这个锅好处可多着咧！像背了乌龟壳，又落不到雨，又落不到鸡（飞机）蛋！”

大家都忍不住笑起来，这一笑将紧张的气氛驱走了不少。

就这样，“贾老婆”的锅成了长征途中妇女工兵营的一面旗帜。大家看到她的锅时，感到的是安全和希望。

过草地时一些战友因饥饿病倒了，贾德福暗下决心，一定尽最大的努力让每个病号吃上一碗“病号饭”。当营长林月琴病倒时，她捧上一碗放了一点盐的“病号饭”，林月琴却说什么也不吃。贾德福哀求着，她的泪，顺着因操劳过度而刻下的深深的鱼尾纹滑下，林月琴再也不忍心推让了。

春天的党岭山，时而大雪纷纷，时而飞沙走石。爬山前，贾德福把火烧得旺旺的，在沸腾的锅里将珍藏的辣椒和生姜倒进去。她搅着锅里辣辣的汤，边盛边吆喝：“快爬雪山啦！大家多喝一点，驱赶驱赶风寒。”大家喝过辣椒汤，顿时添了热量和信心。

两翻雪山，三过草地，走在最后的永远是贾德福。可是，一次惨烈的战斗过后，贾德福的那口大锅下，血殷殷地流着，她的生命悲壮地定格在这口铁锅下。

长征三险志不屈

文 / 戴润生

我总是要说这句话："没有长征胜利，就没有新中国。"

长征一路，我最难忘的，还得数那三次濒临绝境……

第一次，在金沙江畔。当时我所在的干部团为全军前锋，占领的皎平渡口没有桥，仅一艘能容十多人的小木船，中央红军大部队顿时被阻。我得知附近一渡口有两艘船，便带着七连战士去找船。爬过几座山，终于看到一个约有二十来户人家的小镇子，还有一百多人的敌人保安团。七连战士们伪装成白军，大摇大摆地走进镇子里大喊："快把枪架起来集合，我们长官要给你们训话。"保安团信以为真，果然出来集合了。就这样把保安团俘虏缴枪，找到了船，顺利巧渡金沙江。

金沙江发源于青海境内唐古拉山脉的格拉丹冬雪山北麓，是西藏和四川的界河。流急坎陡，江势惊险，航运困难

第二次，在大雪山上。爬山前，战士们每人喝了一碗姜汤辣椒水，准备御寒。开始爬山时，大家都没什么反应。爬到半山，就有许多人开始感觉喘不过气来。快到山顶时，山上突然刮起一阵狂风，接着下起大雪，还夹杂着鸡蛋大小的冰雹，一些体弱的战士开始撑不住了。一名战士在风雪中突然倒坐在地上，

虽然战友们赶紧将他扶起来，可是他撑着走了几步却再也挪不动了，永远留在了雪山上。忍痛告别牺牲的同志，中央红军大部队以顽强的毅力翻过雪山。终于在山脚下见到红四方面军战友时，我和战友们都激动不已，纷纷欢呼："红四方面军的同志来了！"那真是热泪盈眶呀！因为这一刻来得太不容易了！

第三次，在过草地中。红军战士们在过草地前，除了粮食，还带上了干柴、脸盆和木棍。可别小看这些东西啊，作用可都大着呢。干柴除了可以生火，还可垫在草地上休息。脸盆既可用来洗脸洗脚，还可用来烧饭烧水。木棍作用最大，走路时支撑身体，过河时探测水深，还可挑行李担东西，宿营时候支帐篷……不少体弱的战士就是靠一根木棍过的草地，红军战士们都风趣地称它为"第三条腿"。虽然已有思想准备，但是一进入草地，我们就像到了另外一个世界。行进了四五天，我所在的连队已有好几位同志牺牲了。大家把自己仅剩的一点粮食都拿了出来，表示要活大家一起活着走出草地，要饿死大家一起饿死在草地！粮食没了就吃野菜，走不动了就互相撑一把，终于走出茫茫草地，走向长征胜利……

理想之火永不熄灭

文 / 颜吉连

1935 年 6 月中旬，红二、六军团在桑植休整。遵照电台大队指示，以原小电台人马为基础，编入缴获的 5 瓦电台和报务人员，组建了新的机动电台分队。新的机器设备包括一个四灯（主振）收报机和两个“71A”管发报机，还有一些备份零件。人员为三十二人，刘法墉任电台队长，我任报务员兼特派员。

新机动电台分队建立后，工作范围、跟随的单位几乎包括红二军团各师团及红六军团的部分师团。机动电台分队是一个独立建制单位，隶属电台大队领导，配属师团工作，后勤保障大部分要靠自己解决。

1935 年 11 月 19 日，红二、六军团主力从桑植出发，实施战略转移，开始了长征。1936 年 1 月 1 日，部队行至芷江以西的冷水铺地区。天刚亮，我们架好天线正准备联络时，突然低空飞来两架敌机，轮番向我们驻地轰炸扫射，一颗炸弹就在我们住房的旁边爆炸。同志们不顾个人安危，一面把急报发了出去，一面撤收天线，抢收器材，迅速转移，使电台没有受到损失。部队进到黔滇交界的盘县以后，开始了强渡金沙江的行动。我们跟随红六师在向东行进中与敌军遭遇，双方展开了激烈的山头争夺战。敌军使用大量枪榴弹向山头射击，引爆后四处起火，我们阵地上燃起了熊熊大火，敌机在我们四周疯狂扫射。随着战斗情况的变化，我们电台架了撤，撤了架，多次位置转移，做到了收报迅速，发报及时，畅通而准确地收到了军团的命令和指示，上报了部队作战情况，始终紧跟红六师首长。全体同志在战斗中奋不顾身，坚守岗位，保障了通信畅通和机器安全，为我军实行“渡河转兵”争取了时间。红六师掩护军团胜利地渡过天险金沙江。

1936 年 5 月，我们先翻越了一座又高又大的雪山——玉龙大雪山，后来又翻越了四座雪山。我们夜间工作都是以电池箱子当桌子，趴在地上发电报。发报时，我的手指冻得不听使唤，几个同志围在一起帮我暖手，确保将电报发出去。行军中，有的同志因饥寒交迫、空气稀薄牺牲在山顶上，有的趴在沟边喝水时倒在水边被冻死，还有的从山谷陡峭处滑进深沟被冰雪掩埋。我们电台的运输员鲁道清和年岁最小的通信员龚复兴，他俩当时身患疾病，步履艰难，我们搀扶着他们前进。我接过老鲁的机器担子挑了一段，后又将龚复兴连背带拉，硬是帮助他克服困难，使他随部队到了延安。中华人民共和国成立后，龚复兴到中央党校学习时，经多方了解找到我。我们一见面，就谈到当年过雪山草地的情景。他说：“是你背我过的雪山，你救

发报机

了我一条命，我到哪里也忘不了你。”

1936年7月5日，根据党中央的命令，红二、六军团正式改称红二方面军。中央要求红二方面军同红四方面军一道尽快北上，以实现三路主力红军早日会合、共同抗日的目标。7月11日，红二方面军从甘孜出发，向川西草地行进。从阿坝到包座，部队用了六天的时间跋涉了一段险恶的水草地。后来我们找到了一片牧场，牧场的粪堆上长满了一尺多高、又青又嫩的灰灰菜，大家如获至宝，高兴极了。部队就地宿营，我们一起动手摘灰灰菜，然后用随身带的铁瓷盆或瓷缸煮着吃，在既无油盐又无佐料的情况下，煮了一盆又一盆，少的吃了两三缸，饭量大的吃了四五缸。大家边吃边谈笑风生地说：这是我们过草地以来吃得最饱的一顿。第二天出发时，还各自带了一捆。我们电台人员在过草地中，出了八个病号，一两天就掉队七八个人，但我们都有一腔永不熄灭的理想之火：革命必胜，共产党的事业必胜。我们硬是咬着牙，走过来了。

一缸水煮青稞

口述/周　龙　整理/张学贤　宋武州

1934年1月至1941年8月，我在贺龙身边当警卫员。我本是叫他贺军长的，可他说："周伢，以后再不要一口一个军长了，你当了我的警卫员，就不要喊我的官名，就喊我贺胡子，或者像老百姓那样，喊我贺老总，随便一点。"从此我也就称他贺老总。

1936年4月，在部队离开巴安的第三天，我们遇到了长征路上的第一座雪山。上到半山腰时，下起了鹅毛大雪。走着走着，贺老总发现了一些因饥饿、寒冷和疲劳而掉队的战士，他们三个一堆、五个一伙坐在雪窝里，冻得脸色发青，嘴唇发紫，直打哆嗦。贺老总看了我一眼，用命令的口气说："快扶他们上马！"他和我们一起，把几个战士扶上了马，又对其他同志说："你们在这里等一下，我们把这几个同志送到山下后，再来接你们。"有的同志身体过于虚弱，在马上坐不住，贺老总就在旁边用手扶着他们。等到我们帮助这三十多名掉队的同志翻过雪山，已经是深夜了。

翻过雪山，又开始了艰难的草地行军。在稀软的烂泥草地上行走，有时一脚踩空，陷进泥潭里，就会被黑乎乎的泥浆污水吞没。贺老总看着牺牲的战士，心里非常难过，他多次让我转述命令："再给各师重申一下，在任何艰难困苦的情况下，决不能丢掉一个伤病员，活着的同志，哪怕还有一口气，都要抢救阶级弟兄！"为了解决"吃"的问题，贺老总亲自领着大家挖野菜、剥树皮、摘树叶充饥。有时前面的部队把野菜挖完了，贺老总就带着大家找骨头、牛皮吃。这些东西吃光了，他就号召大家到河里抓鱼、青蛙，甚至抓飞蚁吃。他说："同志们，只要是能吃的东西，都要抓来吃，不好吃，也要吃，要革命就得吃。"长期的饥寒交迫，使贺老总原本胖胖的圆脸瘦成了长方形，他那浓黑的一字胡，竟快要占去脸部的四分之一，这使我们警卫班的同志们感到很难过。一次，我们警卫班的几个同志在一块老百姓收过的地里扒了一天，好不容易拣出一把青稞，真是如获至宝，赶快拿回去用水洗净，放在茶缸里煮熟，连青稞带水一起送给了贺龙、任弼时、关向应等同志，但他们你推我让，谁也不肯吃。贺龙同志说："大家都在挨饿，我们哪里咽得下去，困难要大家克服嘛！不能只叫你们克服，我们就不能克服啦？同志们，裤带再勒紧点，到前边就有吃的了！"最终这缸水煮青稞几经辗转，遵照老总的指示，让几名伤病员吃了。

长征，永远的精神丰碑

文/张 震

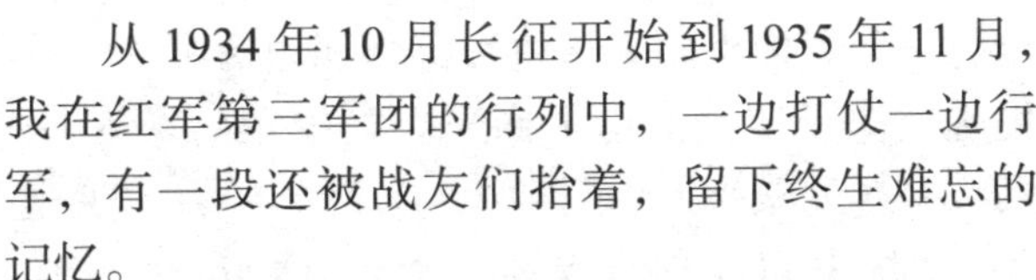

从1934年10月长征开始到1935年11月，我在红军第三军团的行列中，一边打仗一边行军，有一段还被战友们抬着，留下终生难忘的记忆。

多少战友倒在了漫漫征途上，把生的希望留给了我们这些活着的人。

中央红军离开苏区进行长征前，我在一次战斗中负了伤，住进了医院。我记得好像就是在长征开始的前一天，红三军团第四师政委黄克诚来医院看望受伤养病的战士们，一见我的面，就指名要我跟他回前方。我担心自己的伤会影响部队的行进战斗，可黄克诚政委以不容置辩的口气说："你的脚能走，回前方也能养好伤。"

后来听说，红军主力走后，医院的同志和伤病员都牺牲了。我想，当年如果不是黄克诚同志把我从医院里接出来，带我走上长征路，哪里还会有今天！

突破第四道封锁线时，我当营长，率部坚决扼守光华铺地区。一天之内，两任团长都牺牲在这里，全团伤亡近半。指战员们的鲜血染红了湘江，终于完成了掩护中央机关和军委纵队在界首渡江的艰巨任务。

遵义会议的精神我们大约是到云南扎西（今

威信）地区后才听到传达，大家精神为之一振。感到红军有了希望，革命有了希望。

1935年6月9日，我们团来到夹金山脚下。那时最困难的还是缺粮，部队吃饭成了大问题。团首长决定要我改任管理主任，主要负责筹集粮食，千方百计去找吃的。

有一天，我们沿着黑水河右岸前进，看到左岸有位藏族同胞，就请通司（翻译）向他喊话，讲明我们是红军，是反对官僚、军阀压迫穷人的队伍，现路过此地，因没有吃的了，请他帮助。他立即杀了一匹马，用河上的索道把马肉传送过来，我们也用索道将银圆传送过去，但他坚决不要，又退了回来。大家很感动，多好的藏族兄弟啊！

7月上旬，我们继续北上，开始翻越打鼓山。途中，我们看到掉队的同志围着火堆取暖，但喊他们时他们并不答应，上去一碰就倒下了。沿途到处是战友们的遗体。

宣传队想喊口号给大家鼓鼓劲儿，可一句也喊不出来。仅几百米高的雪山，我们却整整爬了半天，到了山顶，又遇到冰雹，砸伤了不少人。

接着，我们又翻越了拖罗岗雪山，来到毛儿盖。我的肺有毛病，路上曾吐过几次血，呼吸甚是艰难，凭着革命的毅力和战友们的帮助，终于翻过了这座座雪山。

我身为管理主任，宿营时要负责分配住处，进了草地后，一片荒原，便无事可做了。部队既无住房，又无雨具，白天烈日暴晒，汗流浃背，入夜大雨滂沱，冷得发抖，无法入睡，还不时遭到敌骑兵的袭击。同志们带着行军作战的疲劳，背靠背坐着，任凭雨淋风吹，一直熬到天明，不少体弱者都生病倒下了。

在草地行军中，自带的干粮根本不够吃。开始时，抓把青稞添点肉干喝口冷水，还能勉强填饱肚子。后来，这些吃光了，只能靠野韭菜花充饥，前面的部队还能挖到一点，后续部队连它也难找到。

在烈日下行军，口渴难耐，有人就去喝沼泽中的积水，谁知水有毒，饮后腹泻，又有一些战友因此长眠在草地上。后续部队无需向导，沿着一具又一具战友的遗体，就能找到前边的部队，到达宿营地。

我们的队伍就这样接连走了六七天，8月底终于走出了草地。这是我长征中走过的最艰难的一段路程，令人难以忘怀。

1935年11月，红军发起直罗镇战役，从此打破了国民党军对陕甘苏区的第三次“围剿”，为党中央把革命大本营放在西北，并开展新的局面，举行了一个“奠基礼”。

11月21日，在部队向直罗镇之敌发起攻击的时候，我碰上了毛主席。

当时毛主席正生着病，躺在担架上，还坚持指挥战斗，身边只有一个警卫班。就在这时，十团二连从该处经过，毛主席要其留下，连长不认识毛主席，说没有团长的命令，不能停止前进。见此情景，我急忙告诉二连连长：“这是毛主席！命令你们留下，你们就留下。”正巧，二连指导员也上来了，他也认识毛主席，马上敬礼报告。这样，该连就留在了毛主席身边。我嘱咐连长、指导员一定要好好保卫毛主席的安全，并将情况报告了十团政委杨勇。

夹金山纪念碑

直罗镇战役

后来，战斗激烈时，毛主席命令二连出击，配合兄弟部队消灭了不少敌人。

长征已经过去七十年了。每当我回想起长征的时候，总是感慨万千。昔日领袖、首长、战友们鲜活的身影，悲壮惨烈的战斗场景，令人难以想象的艰难环境，不时浮现在我的眼前。

当年这支衣衫褴褛、面黄肌瘦的队伍，历尽艰辛，势不可挡，长驱二万五千里，终于从江西来到陕北，进入了陕甘苏区，粉碎了敌人的“围剿”，开始了新的革命征程。

长征，既是世界军事史上史无前例的战略大转移，也是我们党和军队从挫折中奋起、不断走向成熟与胜利的历史转折点。

二万五千里长征雄辩地证明，中国共产党领导下的人民军队是不可战胜的。

随着时间的推移，参加过长征的人已经不多了，但长征精神是一座永远的丰碑，充分显示出共产主义事业无比强大的生命力。它必将激励、教育着一代又一代年轻人，为实现中华民族伟大复兴奋斗不息！

（本文选自《解放日报》）

抗战女兵回忆峥嵘岁月

口述 / 李民贞　整理 / 陈　龙

李民贞

很多事情因年代久远而记忆模糊了，但要提起我在新四军五师抗战的事，我还是记得一些的。那段峥嵘岁月，留给我有苦有痛有欢乐，一串串零星的事儿，常常清晰地亮在我的脑际，好似一点星火，燃在苍茫的记忆深处。

1939 年 9 月，枪炮打碎了我的家。日本侵略军的飞机，白天在郑州城区狂轰滥炸，楼台组屋轰然倒下，大街小巷百孔千疮。我的妈妈在一次空袭中，倒在了血泊中。我的哥哥李民社，为报这家仇国恨，参了军，打击日本侵略军。我的爸爸李世英，是清末的翰林大学士，官至西安知府。辛亥革命时追随孙中山革命，后来军阀混战，他隐居郑州法院后街。如今家破人亡，他只好带着我逃荒。

白天，有日本侵略军的飞机狂轰滥炸，只好走夜路。途经信阳南，爸爸病倒了，借宿在一家土屋里。土屋里的西边已有五六个人住下了，其中有一个姓蔡的人会治病，他主动给父亲治病。两天之后，父亲的病好转了，我也和他们混熟了。原来，他们是一支共产党领导的抗日游击队，那个姓蔡的是这支抗日游击队的支队长。

一个阴雨绵绵的早晨，我一觉醒来，冷得发抖。我爬到爸爸身边喊："爸爸，好冷，爸爸……"可是他一动也不动。我忽然有些害怕，鼻子一酸，哭了起来。哭声惊动了蔡队长，他们一起走过来。蔡队长认真查看了一下，就对我说：“你不要哭了，你爸爸已经……去世了！”

我大声嚷着，小小的手还在不停地为爸爸梳理散乱的头发，哭着喊：“爸爸，你醒醒啊……”蔡队长带着几个战士，将爸爸的遗体卷起，抬到后山林中安葬了。

蔡队长擦拭着九岁的我的泪脸，说：“好孩子，不要哭了……以后你不会孤单的，我们都是你的好叔叔，我们送你上学读书。”

父亲病死后，我立时成了孤儿，上天无路，入地无门，只是凄惨哭泣，惶恐无助。蔡队长收留了我做他的干女儿，并安排我进了新四军豫鄂挺进纵队下属支队卫生所。我的命运峰回路转，从死亡线上获救。我每天非常努力地跟医生学搓酒精棉球，帮伤员端水送饭，并帮着做点杂活。

后来，我才知道，这个蔡队长，就是新四军豫鄂挺进支队的负责人蔡韬庵同志。不久，共产党领导下的新四军豫鄂挺进纵队，打下了信阳县（今信阳市），把信阳地区作为我党抗日根据地之一，蔡韬庵同志任信阳县县长。

几个月后，蔡韬庵同志派一名战士送我到信南小学读书。后来，陈少敏同志任校长的鄂豫边区洪山公学成立了，我和信南小学的学生，就转到洪山公学小学部读书。洪山公学是鄂豫边区政府的一所正规的高级学府，学生有的是边区政府和部队抽调来的红小鬼和青年战士，有的是从敌后跑过来的小学生，有的是抗日军烈属的子女。学校没有固定校址和教材，随着战争进展随时夜行军转移教学。教师自编教材，以农舍、山坡、田间地头为校址，以背包、膝盖为

《七七日报》报社旧址

《七七日报》报社旧址位于湖北省孝感市大悟县宣化店镇大堰村后孙家湾。是鄂中区党委为纪念全国抗战两周年创办的机关报。报名由区党委书记陈少敏提议，陶铸题写报头，宣传部部长夏忠武直接领导，李苍江任主编。

课桌，以树枝、土块为粉笔。我和同学们在艰苦的环境中，不顾生命时刻受到日军威胁的危险，顽强刻苦地学习，还积极配合前线部队救护伤员。我先后担任过学习组长、宣传委员、班长等职。

在战火中成长的洪山公学和实验小学，为新四军培养了大批的革命后备力量。学生们在一律是统一军装、一律是供给制、一律是军事化的生活中学军事，学文化。几年之后，这所学校的学生遍布抗日前线，活跃在祖国的大江南北，发挥着巨大的作用。

一盏桐油灯

1944年，我从实验小学分派到《七七报》（《七七日报》的前身）印刷厂。我和同学们在洪山公学和实验小学读书的时候，就知道边区机关报《七七报》的重要地位。现在能在报社印刷厂工作，内心感到十分自豪。《七七报》大致的专栏有“半月国际述评”“敌后一月战况”“小讲坛”“知识性小专栏”，稿件

草鞋

的来源是群众写稿，建立通讯网。报纸印出后，由厂长负责按各地要求的份数包装捆好，标明地址和收信人，交通联络站的同志分送各地。报纸标有定价，实际上都是赠送的。

我当时是一个小姑娘伢，记得先是分在装订组，后来调到排字组工作。装订组是用手叠纸，用长铡刀切书切纸。印刷机器是用脚踩的，通常每班是两个人，一人踩机器，一人加墨和理纸。印刷是请武汉洪山的工人付斯太负责的。排字组有四副字架，有两副是常用字，另外两副是外用字和标题字。一、二、三号字都装在左边一副字架上，总共二十多盘。为了转移方便，把几个四方架子拼装起来，就是排字架，拆下来就是一只只的铅匣子，可以分散隐蔽起来。工作环境好的是在老百姓家里或者是祠堂里；差的是在山林坡地，靠着大树，就将排字架立在树边。我们捡字排版时，按文章的需要，将铅字一个个地从字架上取下来拼版。我与分派过来的同学都很努力地工作。我们清晨起床便朗诵“一七丈三上”(常用字在字架的位置口诀)，然后相互提问，这样很快就记住了铅字架的排列规律和方位。当时没有照相制版的条件，只好自己雕刻。有不少的字是现用木刻的，还有的是几个字改成的，如“折”字，是将“持”和“新”各去半边而拼成的。排版的夹条是用竹片子绑成的。

我记得有天晚上，要赶印文件。那天是在一户老百姓家里，我们把排字架靠在墙边立起来。房东家的油灯不多，只给了我们一盏桐油灯。那桐油灯的光线太暗了，我们要从密密麻麻的铅字架中，快速而准确地捡出所需要的铅字，是有些困难。我们虽然记住了铅字排放的偏旁部首和方位，但长时间在光线暗淡的地方工作，眼睛难免胀痛。我当时年纪小，人又机灵，想出一个办法来：四个排字架前各站一人。因为我们每个人都记得铅字偏旁部首在架子中的方位，所以，需要哪个字时，就把油灯递到哪面排字架前的人手中，很快拣出了文章所要的铅字。这样，一盏桐油灯在四个人的手中不断地轮换着转，活像玩“走马灯”的游戏似的。就这样，在暗淡的油灯下，我们靠着团结的力量，大家在很短的时间里拣出了铅字，完成了排版任务，同时也节省了灯油，房东很高兴。

后来，我们就把这一经验传给别的战友们。每当想到《七七报》许多感人的消息报道都是通过自己的手排出来的，战友们心里就特别高兴。

一双草鞋

在我的记忆里，那动荡的战争年月，我感觉最苦的是雨天行军，最难的是夜行军，最怕的是行军掉队。如果行军掉队了，不是被山沟里的狼吃掉，就是被土匪敌人杀害了。特别是我们这些女娃娃们，更是害怕掉队。每次行军，大家都相互关照。走一段路，领导总是向后面传口令：“跟上没有？”后面的人一个接一个地往后面传递，直到最后一名回令：“跟上了！”然后一个接一个地往前回令，直到领导收到口令为止。如果传下去的口令没有回音或者回音差几个字，那领导立即派人去寻找或者等候。大家明白，行军掉队多半是由于生病或者疲劳，掉队就等于牺牲，大家能跟上的就会拼命跟上。

要想行军利索不掉队，少不了一双草鞋。草鞋真是一个宝啊！我在行军路上没落下一步，很大程度上得亏我那双草鞋。如果没有草鞋，脚板很快就会被砂子、木刺、山石等戳穿或磨破。我们穿的草鞋大多是自己打的，草质打的草鞋，穿几天就磨破了。用布条子打的草鞋，就比较耐穿点。我们女娃娃们倒不愁穿，一是因为老百姓很疼爱我们，常常悄悄地塞几双布鞋给我们；二是因为部队的男同志照顾我们女同志，地方政府慰劳拥军的物资总是先让着我们；三是因为我们自己会编织会打草鞋。我原本是不会的，在姐妹们的指教下也学会了。

我要说的是我有一双特别结实的草鞋。那是1945年7月间我调到五师医院之后，有天夜里抬来两位伤员，医务组长罗群带着我们立即抢救。寒冷的气流中，我们紧张得额角沁出了汗珠。我和吴明芝等人屏住了呼吸，时而拿纱布，时而拿消毒器械，忙碌地配合着。四周静悄悄的，只有药钳、针具撞击着金属的声响。抢救伤员的工作，在紧张地进行着，时间在指缝里悄悄流逝。一名伤员的下巴被炮弹削掉了，只有一双眼睛直扑闪扑闪的，白净的纱布被血染得紫红紫红的，纱布包裹了整个头部，这位重伤员经抢救脱离了险境，而另一名伤员却永远停止了心脏的跳动。房间里静静的没人作声，我们心里着实难过！这战争的残酷令我们所有的人都无比痛恨。

这位伤员的下巴被炮弹削掉了，他苏醒后，没有下巴，怎么进食呢？我仔细查看了伤员的病情，就把米碾细熬成糊，滴入伤员的喉管。有位女医护给这位伤员喂米糊，缩手缩脚的，她害怕看到伤员血淋淋的喉管一动一动的，也闻不惯那血腥的味儿。我见状，便接过女医护的碗，用口含着往伤员那无下巴的带血喉管里滴，一点一点，细心地滴入他的喉管。一股股血腥味直冲我的鼻孔，其实我也恶心得要呕吐，可是看到这位伤员眼里闪动着的泪光，我心里难过得快要哭了！是他们用鲜血和生命在战场上杀敌，我们要像对待自己的亲人一样对待我们的勇士，我心里对自己这样说，就坚持了下来。我天天给他喂食，三天后，他被转移到后方医院了。临走时，他指着担架上的一双草鞋，示意我留下。我说不能要，他双眼闪着光亮，像是要流泪水了，我连忙点头答应留下了这双草鞋。这双草鞋是用麻绳子编织的，穿起来挺结实的。但我穿上就大了许多，我只好把这双草鞋改装紧缩了，之后再穿起来就挺合脚的。

这双草鞋穿起来爬山过坡结实得很，所以我在行军路上从来都没落下一步。我一穿上这双草鞋就会想起那位伤员，不知道他最后能不能活下来？活下来之后，没有下巴又怎么吃饭怎么说话怎么生活呢？为此我心里一直不安。解放了这么多年，我也没能打听到他半点消息。

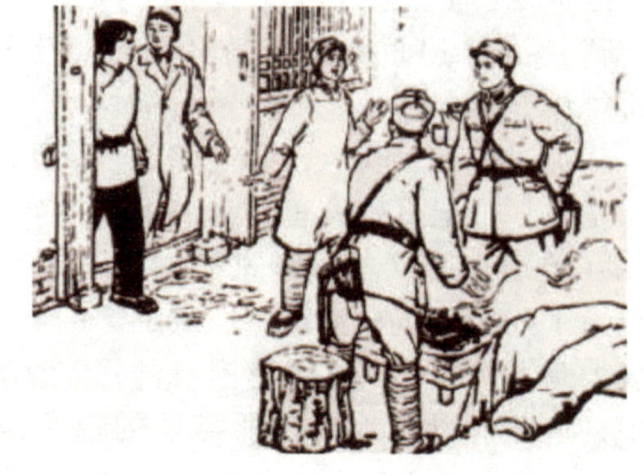

不 屈

口述 / 黄飞霞　记录 / 梁安武

1941 年冬，我们事先接到“跷脚筒”（日军）来了的消息，便连夜把医务所的三十多名伤病员转移到文昌县（今文昌市）南唇村。

我和四个护士刚把五担药品挑进海山里去藏好，日军的快艇就已经驶到我们跟前。我们只顾陆地上的恶狼，哪里知道海里又钻出这批“鳄鱼”。距离五六步了，才直起身子急跑。“砰”！“砰”！两位同志被日军击中倒地了，其他两位同志拼命闯进了另一座海山里。这时敌人抓住我的公事袋，我摆肩一脱，但敌人又追上攥住我的头发，我被捕了。

“共产党在哪里？”翻译瞪着眼珠，像要把我吞下去一样。

“不知道！”我摇摇头。巴掌噼噼啪啪打在我的脸上，一个佩指挥刀的家伙给我喝水，又猛勒我的头仰天，这时我的耳朵嗡嗡直叫，脑壳像要给揪落下来。

折磨了十多分钟，敌人推我下艇。我想准是死了，与其活活给敌人宰割，倒不如跳进大海淹死。但，船樯齐胸高，我几次挺起身子，都给敌人踢倒。他们还拔出白晃晃的指挥刀，用刀背在我的脖子上锯来锯去，威胁说要杀我。晚饭时分，小艇开到清澜港，日军硬把我拖上岸去。

不久，日军在一个院子里吹哨集合，硬按我跪在中间。几个上身赤条条的刽子手挥着指挥刀在我面前砍来削去，呵呵叱喝，像狼叫一样。“你们只能吓唬三岁小孩！”我用轻蔑的口吻回答了那些强盗！这时日军的巴掌拳头直往我的脸上、头上乱劈，跪了一个多钟头，才叫一个人把我押进监牢里去。

第二天早晨，日军把我拖进刑讯室。两侧排列着大大小小的木棍、绳子、铁具，一个戴眼镜的刑讯官坐在桌子正中，翻译官和录口供的分坐两旁，四个日本兵挨近站着，衣袖已经挽起来了。

“好好说！你们的队伍住在哪里？”翻译瞪着眼问我。

我知道已经不能把自己扮装作一个老百姓了，干脆默不作声。刑讯官的拳头“咚”的一下捶在桌上，震得他赶忙去扶自己的眼镜。

“不说，你就死！”翻译官像凶神一样站起来说。

“死就死！”我的声音粗壮得连我自己都觉得吃惊。顿时，我浑身像增添了千斤力量。这时翻译官脸都气白了，他推开椅子，抓起手杖，一个劲地往我头上猛劈下来。我双手抱着头，只听得手指头咯咯发响，不晓得是手杖脆，还是我的脑壳硬，一连打折了两支手杖，翻译官才悻悻地住手，然后用手帕擦擦汗珠。

我踉踉跄跄地回到牢房后，浑身疼痛发烧，挣扎着把衣扣解开，才看到肉上红一块，紫一块，根本不敢用手指去触摸。

要经得起考验呀，无论如何要顶住，决不能向强盗屈服。这时，我想起 1941 年刚入伍在“抗新”（抗日新闻报社）当公务员时，老欧同志教我的“百折不挠，威武不屈”八个大字；我还记起江祥凤同志单身潜入敌营偷枪的英勇事迹；记起“血血血，中国人民流的血；火火火，日本鬼子放的火”的文化课本；我还记起我同村一个叫黄少荣的叛徒，她出卖了革命同志，回到村里人人都鄙视她，骂她是贱骨头。“中国人民都在流血牺牲，我能贪生苟活吗？肉贱骨头贵，我不能出卖革命，出卖祖国”，想到这些，我更加勇敢了，下定决心：宁死不屈。

由于我不肯招认，敌人天天把我拉出去拷打，枪柄、藤鞭、木棒、粗绳、竹签，都使过了，电刑也用过了，但是敌人还是不能从我这个十八岁的女看护长口中挖出什么。

接连折磨了六天。敌人每天只从窗口吊一瓶水下来给我喝，到了第四天，守门的人才给我一块吃剩的米糕。

第七天早上，敌人把我拖进大监房里和十五个正直的人关在一起。这些人都是不愿领顺民证被捕的，我对他们说：“你们千万不要招供部队住的地方，做人民的叛徒！”他们都默默地向我点头。

下午，大约 4 点多钟，敌人把我们这一群人拖出去，看样子是一定要屠杀我们了。在半路上我不肯动步，日军火性暴起，用枪柄一阵毒打，直打到我失去了知觉。敌人大概以为我死了，才把我丢在路旁。

深夜，我才像从梦中苏醒过来，看到白沙地上铺着一摊血水。我慢慢地撑起身子想走动一下，但脚不能动弹，脚上穿了一个大窟窿，不知道在我昏迷后敌人用什么穿的。这时我怕敌人再来，只好滚进路旁的灌木丛中。躺了一阵，逐渐清醒过来，才顺着公路爬去。可是用手掌撑地也疼，用屁股移动也疼，气喘喘地，冷汗出了一阵又一阵，但感觉能脱离虎口，生命又存在了，也不知哪来这股劲头，只是一心向前。鸡啼时，爬到一个老乡门口就躺倒了，幸得一个五十多岁的老大娘的救护，并蒙她指点我顺着公路一直爬去，爬到下午 4 点多钟，才到复兴乡。后来遇着一位中年农民，把我扶回家去，经过多方的耐心照顾，让我好好地疗养，伤情才稍微好一点。后来区政府知道了，才派人将我接回。

母亲在山里挖了一个地洞，把我藏在里面，通夜用草药给我烫，还给熊胆让我吃。经母亲喂了二十多天饭，我才能够起身，又养了十多天，才让我回部队去。

1942 年 6 月，在我被捕的八个月以后，我成为光荣的中国共产党党员。

（本文选自《琼崖红色记忆》）

我的伯父冯平

文／冯子平

冯　平

“革命不怕死，怕死不革命。杀了一个冯平，还有千万个冯平！革命是杀不绝的，共产主义一定会实现！”在海南澄迈民间，至今流传着我伯父冯平牺牲前的遗言。1928年，琼崖工农红军总司令兼西路军总指挥冯平英勇牺牲的时候，我还没有出世，我在童年时代听祖母讲过他英勇就义的故事。

冯平烈士是我父亲的二哥。1930年我出生在泰国，十八岁那年我借口去香港求学骗过父亲，重回海南参加琼崖纵队。为纪念伯父，我把原来的名字“冯裕深”改为冯子平。从20世纪50年代开始，我一一访问见过伯父的老红军，踏访他生活和战斗过的地方——海口、琼山、文昌、澄迈、临高、儋县（今儋州市）等市县的许多乡镇和农村。经过几十年的追踪采访，长期积累材料，反复修改补充，我在离休后写成了《冯平传》，重现了他的革命生涯。

早年留学苏联

伯父是海南省文昌市东路镇美德村人，原名冯凤藩，表字茂南，参加革命后改名冯平。

1915年秋，伯父考上省立琼崖中学。据他当年的同学林肖镑说，他聪敏过人，英语、国文、算术三门功课优等，是学校的高才生，还是学生运动的带头人。

1920年，伯父考上上海文华大学，一年后转学广州，考进广东高等师范学校英语部。在此期间，伯父如饥似渴地阅读马克思、恩格斯、列宁的著作。列宁领导俄国革命成功的经验使他看清了，中国革命要走俄国人的路，只有中国共产党才能救中国。他拥护中国共产党的纲领和主张，积极参加学生运动，投入反帝反封建的斗争。1923年，中共中央选送伯父去苏联留学。

伯父在莫斯科东方劳动者共产主义大学学习时，和聂荣臻、杨善集是同学。1924年12月，他被中共莫斯科支部吸收参加中国共产党。1925年初，伯父和聂荣臻被调到红军学校中国班学习。

由于国内革命形势迅速发展，急需大批革命干部，1925年8月上旬，聂荣臻、冯平、杨善集等二十多人，奉命回国工作。伯父回到广州后，开始任中央农民运动特派员，在广东省农民协会工作。

发展农民协会

1925年冬，奉命南征的国民党第四军第十二师渡海作战，讨伐陈炯明、邓本殷等反动军阀势力。1926年1月，中共广东区委派伯父回琼崖开展革命工作。他以中央农运特派员的身份，同十二师党代表兼政治部主任王文明，以及随国民革命军来琼的一批共产党员一起，在岛上公开进行革命宣传和组织工作。1926年2月，广东省农民协会成立省农会琼崖办事处，我伯父任办事处主任。半年时间里，海南各市、县的八十三个乡镇建立起了农民协会，会员人数达八千八百余人。全琼农民运动迅速高涨起来。

1926年6月，琼崖第一次党代会在海口竹林村举行。会议产生了中共琼崖地方委员会，伯父当选委员兼军事部长。同年8月，琼崖农民协会成立，伯父任

琼崖一大旧址

农会主席，兼农民自卫军总司令。此后，琼崖农民运动风起云涌，至年底，除感恩县外，全琼各县区乡普遍建立了农会，会员发展到二十余万人，能直接领导的群众达一百余万人。

1927年春，中共琼崖地委在海口创办高级农民军事政治训练所，伯父任所长。这是一所培养农运干部和军事干部的学校。第一期学员有三十二人，是从乐会、万宁、琼东、琼山、澄迈、临高等县农讲所毕业生中选送来的。据当年农训所学员、学生党支部书记王文源回忆，我伯父身材魁梧，穿灰色中山装，留短头发，像个威武的军人。他有学问，讲课时满怀激情，通俗易懂，很有感染力。农训所开课两个多月，国共摩擦加剧，形势日趋恶化，伯父对学员们说："做革命的人，要保持清醒的头脑。形势也可能变化，晴天也会下雨。不管遇到什么变化，都要跟党闹革命，不当逃兵。"

奋勇鏖战琼西

1927年4月22日，国民党新军阀在海南发动政变，屠杀共产党人和革命群众。党组织发动和组织群众，领导"农军"开展武装斗争。7月，中共琼崖特委将各县革命武装统一改编为"琼崖讨逆革命军"，并成立司令部，伯父任总司令。琼崖讨逆革命军的成立，标志着中共琼崖组织独立领导的革命武装斗争开始了。

为了执行中共中央关于举行秋收起义的决定，1927年9月上旬，琼崖特委在乐会县第四区召开军事会议，决定举行全琼武装总暴动。伯父被派往西路，统一组织指挥澄迈、临高、儋县等地的暴动。10月上旬，他指挥儋县、临高讨逆革命军和农军统一行动。11日，两县七百余名武装队伍向儋县县城新州镇挺进，沿途农民纷纷加入。12日拂晓，他们攻陷新州，歼敌九十人，宣布成立儋县临时革命政府，并从监狱救出被关押的共产党员和群众一百余人。由于国民党军反扑，临时革命政府成立十五天后撤向农村。

11月上旬，特委在乐会县第四区召开第一次扩大会议，贯彻八七会议精神，决定继续举行暴动，并决定将琼崖讨逆革命军改编为工农革命军，任命伯父为总司令，兼任西路军总指挥。1928年2月，琼崖工农革命军改称为琼崖工农红军，仍由伯父任总司令，符节为政治部主任。这时，全琼东、中、西三路红军队伍达到一千四百人，赤卫队万余人。

在艰难困苦的战斗岁月里，伯父和红军战士同甘共苦。他同战士一样日夜行军，吃一样的饭菜，还把战马让给伤病员骑。在红军向西路行军的路上，他看到两名战士扛一支笨重的"长瞄枪"（自制土枪）走路很辛苦，便上前接过枪，扛着走了二十多公里，毫无倦色。

生死置之度外

1928年3月，广东国民党当局急调第十一军第十师入琼，兵分三路对琼崖苏区和红军进行第一次大规模"围剿"，其中的一路向澄迈扑来。5月9日，叛徒暗中串通白军，国民党军副团长陈国勋带领两个营五六百人、民团一千多人，向红军进攻。西路红军奋起抗击，勇敢杀敌。在激战中，伯父弹尽负伤被捕。

伯父被捕第二天，澄迈金江到处张贴布告："共军头目冯平被擒"。这一天，正是金江墟日（指赶集的日子），成千上万的人从十里八乡赶来，看到这个布告，

冯平被捕后，敌人将他从西昌抬回澄迈县金江市（《冯平传》插图）

就义前的冯平

心情沉重，有的人痛心掉泪。

11点多钟，消息传来，人们涌向河边，只见对岸四个国民党兵抬着一个绑在交椅上的青年上船。船越来越近，有人喊：“冯平来了！”受伤的伯父此刻面无惧色，他对岸边的数千群众说：“父老乡亲们，感谢大家来看我冯平。革命不怕死，怕死不革命。杀了一个冯平，还有千万个冯平！革命是杀不绝的，共产主义一定会实现！”他将生死置之度外的英勇气概，立即感染了在场的百姓。在国民党军刀枪的前后“护送”下，伤痕累累的伯父被送入“绅士局”的大院，由一个连的敌军日夜看守。

澄迈县国民党县长王光炜是伯父中学时期的同学，他受上级指令前来劝说伯父归顺国民党。伯父揭露敌人诱降的阴谋，宣传共产党主张，把王光炜驳得抬不起头来。他说：“王光炜，你还记得文天祥的名言‘人生自古谁无死，留取丹心照汗青’吗？”王光炜点点头，含羞而去。

敌师长不死心，反复劝说伯父：“你如改变信仰，可以到省里当官。你是苏联留学生，有学问，又年轻，回头是岸。”伯父回答：“我为革命生，也为革命死，你何必白费心机！”

虽然敌人多次审问，但他宁死不屈，昂首以对。问多了，他只重复一句：“我个人之生死，早已置之度外。请便吧。”

1928年7月4日上午11时，伯父和他的亲密战友符节，被国民党军警押送到刑场。两个战友高唱《国际歌》，高呼口号向沿途群众告别。英勇牺牲时，他年仅二十九岁。

（本文选自《新民晚报》，有删节）

我的父亲马祥池

文 / 马爱莉

参加抗日游击队

我父亲叫马祥池，曾是解放军十八军下属特工连三连连长。

他是一个受过苦的人，三岁母亲去世，五岁给地主当童工，冬天去放牛脚冻得只能插在牛粪里取暖。受尽种种磨难，父亲逐渐长大成人。

1938 年他十八岁，在哥哥马友相的熏陶与影响下，知道了日军侵略中国的种种罪行，涌起了打倒日军的热血，并且感染了身边很多给地主扛活的青年。

后来，日军要进攻荣城县大水泊了，驻守大水泊的国民党军队乱了营，脱了军装扔了枪，跑的跑，躲的躲。听说了这个消息后，父亲联络了十几个青年农民冲进了军营，拿走了国民党军队扔下的枪支弹药，参加了当时一个叫刘法官的人组织的抗日游击队。

小试牛刀充满信心

那年秋天，一支日本军小队从荣城冷家村经过，他们的头目坂本怎么也没有想到，会被三十几个自发组织的农民打伏击。父亲他们当场就把坂本打成重伤，被打蒙了的鬼子哇哇乱叫着，趴在地上胡乱放着枪，一步也不敢动。父亲他们从来都没有打过仗，因为经验不足也一下子被打散了。这一战虽然没有歼灭日本军，但是使他们这帮青年农民坚定了革命决心。因为从这一仗他们看到了，日军根本不堪一击，一定能够把日军从中国赶出去。

加入共产党

1940 年，八路军开了过来。我父亲带领十三个青年组成的游击小分队，一起成为了国民革命军十八军团第三军的革命战士，父亲直接被任命为电台警卫班的班长，十三个人是警卫员。他们和一个运输班（班长叫孔显云，后被调到青岛烟草公司任经理）保卫并运输军队的电台、马达和电机，来保障军队的通信畅通。当时唯一的运输工具就是一头骡子，剩下的只能由人来扛扛背背的，

遇上急行军或紧急撤离就得跟着队伍拼命跑。可是机器太重，运输班的同志经常跟不上队伍，父亲急了，就命令警卫班的同志，一个人保护好电译员，其余人平均分为两组，轮流帮助运输班的同志背机器。由于父亲的精明果敢，受到了首长的表彰，提升为警卫和运输两个班的班长，并于1940年7月1日光荣地加入了中国共产党。

艰难的战争岁月

当时正处于日军最为猖狂的年代。在刘家战役中，赵司令的部队被日军团团包围，敌人调动了三个团的兵力从拂晓包围到天亮，发动了几次全面进攻。虽然战士们拼命抵抗但终因寡不敌众，在援军还未赶到时就已经全部牺牲了。以后成立的第二军分区环境也越来越艰难。我部队被日本军追击，不得不紧急撤离，父亲负责的电台警卫运输班也很艰难，背电台的战士由于连续行军肩膀都磨出了血，肩胛骨都卡断了。更糟糕的是白天不能生火，一天吃不上一顿饭，有一次深夜行军到了一个村庄，伸手不见五指，前面的战士往后传话：路边的麻袋里有地瓜干，大家可以拿来吃。看见前面的战士弯腰伸手抓，父亲也紧跟着伸手，却只抓了个空碗，后面的战士已经跟上了，不得不继续往前走。就这样这一天一夜一口饭也没吃上，又瘦又小的父亲也只能勒紧腰带，咬紧牙关。

抗大学习深入敌后

由于父亲的出色表现，很快被升为排长，跟随许世友领导的部队和日军艰难地周旋着。就在这时，接到了上级派去延安学习的指示，部队挑选一部分党员和优秀干部到抗大学习，我父亲也跟随这些人去延安学习了一个月。通过学习他懂得了党的军事战略：在敌强我弱的情况下，要化整为零，灵活指挥，敌进我退、敌退我进、敌驻我扰、敌小我大、敌寡我多，发动群众，开辟敌后工作，保卫地方组织，打下一个县就建一个县，打出一个区就建一个区。父亲还学了党的精神和各种战斗技巧，学完后，精神百倍地走上了新的工作岗位：任敌后第三武工队队长。根据许世友司令的指示，我父亲到特工部队挑选了七八个班的精兵强将，换上便衣离开了大部队，进行敌后游击战。在这个分队里孙波是文工队，他负责侦察，我父亲就带队伍打。

奉命拿掉辽蓝据点

进入青纱帐后，白天不能动，晚上就摸进老乡家里休息。当时正值夏天，老乡老两口睡在炕上，七八个队员就坐在炕前休息，房梁上再蹲着两个岗哨。有一天夜里通信员孙波送来了上级的指示：拿掉辽蓝据点。

我父亲带着侦察员李宗福和地方上派来的民兵队队长李胜高，去侦察情况。三个人从老乡家借了木匠工具，写了个做木工活的牌子，化装成木匠来到离辽蓝据点不远的村子。他们又累又饿，想弄点东西吃。李胜高说："再走不远就是伪保长的家，不过离据点很近，就怕遇上鬼子。"我父亲说："越危险的地方就越安全。走，咱们就到这个伪保长家去。"

这伪保长也是刚从辽蓝据点回家，得意扬扬的。刚要进门，就觉得脑后冰凉，"不许动！"三支枪指向了他，伪保长一动也不敢动，赶快满脸堆笑说："长官！都是自己人，别误会。"李胜高用枪指着他的太阳穴说："谁跟你是自己人？

敌后武工队向敌占区进发

看清楚了，我们是敌后武工队！”“长官饶命，有话好说。”吓得伪保长直叩头。“你放老实点，给我们三个人弄点吃的，要快！”我父亲下令道。伪保长连忙说：“是。老婆子快下面，长官们饿了。”

“鬼子来了”

面条刚熟，保长的狗腿子跑进来，说日军的车队朝这个方向来了。父亲他们匆忙扒拉了几口面条，拔腿就走，出门就遇上了伪军的情报员骑着个破车子过来了。我父亲小声说：“不要轻举妄动。”李胜高却想来个先下手为强，上前大喝一声：“停车下来！”伪情报员说：“你们是干什么的？”“我们是特务队的，在执行任务。”“我怎么看你面熟？”特务用手指着李胜高说。李胜高瞅准时机一把把特务的车子给抢了过来，接着又给了他一巴掌：“你这狗腿子。”被打倒在地的特务看着跑远的李胜高，向迎面而来的日军大喊：“皇军，我是皇军通信员，前面有三个共产党的侦察员，他们抢了我的车子，快追！”

李胜高以为车子能跑得快点，没想到这辆破车子根本就不能骑。我父亲回头一看，日军追赶的速度非常快，就大喊一声：“李胜高快把车子扔了，往麦地里跑。”一踏进刚刚浇过水的麦田，父亲的鞋就掉了。李胜高是大高个，腿长跑得快。李宗福是东北野林子里打猎出身的，打枪准，我父亲拿着两把匣子枪，一声令下：“打！”敌人就倒下了两三个。嚣张的日本兵大喊着：“活捉武工队，你们跑不了了。”密集的子弹擦着父亲他们的头皮嗖嗖而过。他们又一口气跑出了好几里地，敌人却越逼越近，我父亲实在是跑不动了，心想：今天难道就交代在这里了？

死里逃生

李胜高看出了我父亲体力不支，二话不说把他夹在腋下就跑，一边跑一边反手将手榴弹、子弹一齐朝敌人打去。敌人死伤一片，可还是穷追不舍。等他们跑出麦地才知道跑错了方向，已经跑到了日军李子园据点的炮楼底下。由于日军这次是倾巢而出抓捕武工队，炮楼里的日本兵只有几个人，也看到了三个人跑来，但没有办法阻拦。他们侥幸跑过了碉堡，子弹打光了，就剩下最后两颗手榴弹，白沙河却横在了面前。怎么办？我父亲不会游泳，敌人越逼越近，死也不能让敌人捉活的。他们把最后两颗手榴弹扔向敌人，三个人就一起跳进波涛滚滚的大河里，敌人追到河边乱放了一顿枪就走了。

在河里，我父亲以为自己活不了了，最后却侥幸被李胜高救了下来，可是肺里呛进了水，十分危险。后来在一个老乡家里养了几天，终于活了下来，但却留下了后遗症——气管炎。在老乡家养伤的期间，妇救会会长无微不至的关怀，给我父亲留下了深刻的印象。

声东击西

归队后，父亲带领着武工队队员展开了声东击西的战斗。埋地雷炸日军，把手榴弹绑在伪保长家的大门上，炸死了伪保长家的管家，把伪保长吓得不敢回家，跑到炮楼里寻求日本人的帮助。

战斗的时候，父亲把武工队一分为

解放昌邑南

解放军十八军纪念章正面

解放军十八军纪念章背面

二，一队用长枪，看见日军露头就开枪射击，吸引鬼子注意。鬼子果然上当，想包抄我们的战士。就在鬼子感觉自己要得手的时候，短枪队出现在他们身后，“快、准、狠”地打击敌人。

日军连续受创，加强了三里一堡、五里一点的巡逻，命令各家看见武工队的踪影就报告，知情不报的就杀全家。

在日军“扫荡”的恶劣环境下，我父亲又把武工队分成几个小组，白天隐蔽起来，到晚上再分头行动。父亲带领一小组人，因为积极分子的家不能去，怕连累他们，就到地主恶霸家弄吃的，把他们的孩子和老婆先看管好再吃饭，岗哨就设在房顶上，就这样还是和敌人碰上了，打了好几仗。

中了埋伏

日军被武工队搅和得坐立不安，想尽办法要消灭武工队。麦收时节，县委书记马杰指示要保护好群众的麦收工作，日军却趁着麦收抢麦子，设下埋伏，想一举歼灭武工队。他们只让一小队兵来抢粮食。

接到通信员的报告后，我父亲感觉奇怪，十几个小日本兵也敢来抢粮，是不是有埋伏？他就命令通信员带领一小队人下山，再刺探一下敌人有没有埋伏。一会儿通信员就返回来报告说，没有碰到敌人。马杰说，打吧，看来这一小队日本兵就是来抢粮的。

我父亲接到命令就带领全部武工队队员一共八十几个人，每人两百发子弹、两颗手榴弹冲下山去。刚一下山就被早已埋伏好的敌人给包围了，两队人马就交起火来了。

惊心动魄的战斗

这次敌人集结了上千的日本兵和伪军，马队、机枪、大炮都用上了，子弹和炮弹打得八十几个人趴在地上抬不起头来。枪炮过后，敌人的马队挥舞着大刀砍过来。他们狂喊着：“武工队完蛋了！抓活的！”

这时候身经百战的武工队员各显其能。我父亲手持双枪，警卫员跟在后面装子弹，他的枪法又快又准，一枪一个。队员们的手榴弹也一起扔向敌人，炸得敌人人仰马翻。

县大队的一个大个子，不幸被敌人伸手抓住了后衣领，他回身就是一枪，打倒好几个日本兵。而另一个战士在马肚子底下钻来钻去，把马缰绳拴在马腿上，马就不能动了，用马来掩护打击敌人。就这样武工队员各显神通，打死打伤敌人无数。

日军一看抓活的不沾光，就枪炮一起打了过来。他打，武工队队员就不动；枪炮一停，日军冲上来，队员们的枪和手榴弹一起打。他们边打边撤，子弹打光了，就捡起敌人的枪继续打。终于杀出了一条血路，撤到山下的一条大沟里，借助沟的掩护撤回到山上。

这时候县大队的人得到消息赶过来增援，敌人也不敢再追下去。在山上目睹这一惊心动魄的战斗场面的政委马杰，也惊出了一身冷汗。山下战场上硝烟弥漫，遍地都是敌人的尸体。敌人死了好几百人，用了整个村子的门板都没抬完，最后只能用麻袋装。

武工队员也牺牲了两个人，其中一个就是通信员李宗福。因为他跑得快，枪法准，一下山就跑在最前面，结果被敌人团团围住。敌人让他投降，他就用枪回答了鬼子，被敌人打断了腿还是不投降，最后英勇牺牲。

战士们找到他的遗体时，都非常震惊，他身上竟中了数发子弹。这个硬汉子迎着敌人的子弹，硬是没有倒下。

这次战斗，父亲和他的队员们都受到不同程度的轻伤，我父亲整个人也虚脱了，被安排在温家妇救会长家里养伤。

奇兵扬威名

老百姓经常反映平度西关派出所有几个罪大恶极的汉奸，仗着日军的撑腰，经常欺压百姓，鱼肉乡里，无恶不作。方圆几百里的百姓提起这一伙汉奸都恨之入骨，怨声载道。看来不除掉这一伙汉奸是没办法跟老百姓交代的。

武工队接到上级的命令：拿掉西关派出所。接到任务后我父亲经过研究，找到一个战士的弟弟，他就住在西关派出所旁边，让他给武工队送情报，看到哪天伪军全在就来报告。

过了几天，接到这个战士的弟弟的情报，我父亲带了八个人半夜摸到派出所院墙外进行埋伏。天刚蒙蒙亮，就听到打水的声音，原来墙内紧靠墙壁有一眼水井，伪军的伙夫正在打水做饭。天渐渐地亮了起来，我父亲心里着急，怕天亮再和伪军交火会吃亏。

不能再等了，我父亲跟八个战士商量好，小声喊“一、二、三”，一齐使劲将一面土墙轰地推倒了。正在打水的伪军被压在墙底下，井也被堵住了。随着一声大喊：“不许动，举起手来！”如一声炸雷，正在吃饭的伪军被这突如其来的情况吓呆了，还没回过神来，架在一起的枪就被两个武工队战士抱走了。几个动作快的伪军，也被战士们迅速扭住了，并缴了他们的枪。

那个罪大恶极的头子，在一张单独的桌上吃饭，桌子上还摆着酒，还有一盘刚出锅的热菜。我父亲手疾眼快，还没等他掏出枪来，那盘热菜已经扣在了他的脸上了，烫得他嗷嗷直叫。我父亲一把就抓住了他已经握在枪上的手腕，另一只手迅速地夺下了他的手枪。

就这样我父亲和这八名战士一枪没放就将这个派出所的全部伪军抓了起来。然后，战士们把枪栓卸下来，让这十几个伪军一人扛一支枪，押着这伙俘虏从李子园据点大摇大摆地走过。据点上的敌人看到这一队人，吓得大门紧闭，连问都不敢问，听到是武工队又打了个胜仗，躲都来不及。

终于除掉了这几个罪大恶极的汉奸，西关的老百姓都拍手称快。人人都知道这个事是谁做的，第三武工队没费一枪一弹就打了一个漂亮仗。我父亲的武工队从此出了名，不管走到哪里，都受到老百姓的欢迎和爱戴。

解放昌邑南

孙波又送来上级的指示：侦察昌邑南，趁机将敌人消灭。可敌人也在绞尽脑汁想办法除掉武工队，于是他们就设了鸿门宴，要我父亲去参加，并妄想把武工队一网打尽。我父亲知道其中有诈，不能让敌人的阴谋得逞。要是不去的话，敌人就以为武工队怕了他们；要是去的话，就掉入了他们陷阱。最好的办法就是将计就计。

为了摸清敌人计划，我父亲提前两天就偷偷地住进了这个村子里的民兵家里。我父亲让小孩子放出风去，说八路军马上就打过来了，扰乱敌人的军心，再让这个民兵潜伏到敌人的哨所里，摸透了他们的行动计划。

据点里的敌人在等伪保长的情报，可是他做梦都没有想到，送情报的人一出门就被武工队抓了起来。等左山据点的敌人接到假情报埋伏好时，武工队和县大队的机枪、小炮已经对着他们的后背了。

我父亲只带了一个监酒官王家寿去赴“鸿门宴”。王家寿是个大个子，大块头，腰里别着两把枪，往门边一站，像一座铁塔。我父亲从容不迫地出现在了敌人的酒桌上，说道：“我就是武工队长，马祥池。”伪保长站起来假惺惺地说：“不知道马队长大驾光临，有失远迎。请坐，请坐。”

我父亲看着伪保长那张皮笑肉不笑的嘴脸，心想，你为虎作伥，作恶多端，今天就是你的末日。我父亲说：“你今天设这么大的场面，请我一个当兵的吃饭，恐怕是别有用心吧。为了表示我的诚意，我把一把没子弹的枪放在桌上。”又拍了拍身上说：“看，再也没有别的枪了。而伪保长你又不是一个当兵的，你身上要是带枪，那就是犯法。为了公平起见，把你的枪也放在桌上。”伪保长极不情愿地把枪掏了出来。

就在这个时候，敌人的信号员端着盘子走了进来，朝着伪保长使了个眼色。伪保长心领神会，故意把酒杯打翻在地，敌人的便衣立马拿着枪指向我父亲和王家寿。可就在这时，武工队员的枪也顶在了他们的腰眼上。“不许动！”前面的敌人乖乖地举起了双手，被缴了枪，王家寿上前缴了伪保长的枪。

伪保长恶狠狠地说：“马祥池你不要得意得太早，你出不了这个门，我的人把这里全部包围了。刚才的杯子响就是信号，你听现在外面的枪炮声，你马上就要完蛋了，我的人马上就要打进来了。”我父亲说：“我看你是死到临头了还在痴心妄想，王家寿让他看看，到底是谁在打谁。”王家寿把大门打开，伪保长到门口一看傻眼了，战斗已经结束了，伪军死的死，伤的伤，剩下的几十个都跪在地上，举着双手直喊饶命。伪保长一下子瘫坐在地上。

这次将计就计的战斗，把昌邑南的大据点给一锅端了，彻底消灭了敌人，解放了昌邑南。

一件趣事

许世友的大部队解放了好几个县城，日军的末日也到了，这时候我父亲接到孙波送来的命令：配合大部队攻打平度塔部据点。我军的枪炮一起开火，敌人也无心恋战，跑得比兔子还快。我父亲带领人马率先冲了上去，占领了整个据点。

村子里的人全跑光了，一个老乡也没有。我父亲看见一家院子里的土墙上挂了一块布，心想，这块布正好可以包枪。因为这五六年和日军殊死搏斗，一刻也不能放松，他的枪五冬六夏都是贴着肚皮放着，这样遇上紧急情况才能保证马上开火。长时间这样，冰冷的枪身也弄坏了我父亲的身体，落下了病。有这样一块布裹着也可以减少病痛。

父亲叫来警卫员，让他在土墙边蹲下，他就踩在警卫员的肩膀上，去拿那块布。可是由于我父亲的个子比较矮小，这样还是够不着，他就索性站在土墙上去拿。因为土墙的顶部都是圆的，不好掌握平衡，布没拿到人却一下子掉了下去。只听扑通一声就掉进一个一人多高的大水缸里。警卫员一看不好叫了声“连长”也跳了进去，把我父亲捞了上来，再看我父亲满脸通红，身上都湿透了。

警卫员说："这不是水是酒啊。"我父亲说："好酒，好酒。快，快去找盛酒的家伙。"于是警卫员找来了两个鼎，刚要从缸里舀酒，就看到酒上漂了一片虱子。警卫员说："连长，你这虱子还真不少，你看，全在缸里了。"我父亲笑着说："你也试试，可爽了，既消灭了虱子又消了炎，一举两得。"

警卫员一边盛酒一边说："连长，我想起来了，这可能就是平度有名的酒厂后院，被日本鬼子占领了好几年了，平常咱老百姓根本就喝不着这样的酒。"我父亲说："原来是这样啊。来来来，把同志们都叫来，把自已的水壶都灌满酒！"

这时候上级的命令来了，特种兵三连又出发了。这一夜的行军，战士们高兴地边走边唱边喝。我父亲喝完了警卫员身上背的酒，又把每个战士背的酒都喝一口，不知怎的，也喝不醉。就这样走了一夜，又从平度回到了昌邑南。

解放战争时期

1945年8月15日，日军彻底投降了。正规部队都精兵简政，我父亲被精简掉了。那个曾经让日军闻风丧胆的双枪武工队长，这时也病痛缠身，就剩下一把骨头了。特别是肋骨炎，折磨得他死去活来，走路都得弯着腰。

部队发给他两百斤小米票，给了他一头骡子。我父亲就趴在这头骡子身上，从山阴山阳出发回家，走一个村就换一头骡子。走了一天还没走出山阴山阳的时候，后面的人就追了上来："喂！前面是马队长吗？"（因为他曾经在西海训练营教导队当队长）我父亲说："是我，有什么事情吗？"来人说："上级命令你马上归队，国民党撕毁了合作协议，内战开始了。县委书记马杰接到了许世友司令的命令，要派一个身经百战的有经验的指挥员，指挥一支新部队打牵制战。县委书记马杰已经给你安排好了一切，他在掖县等你。"

我父亲骑上战马一路狂奔，晚上很晚才到了掖县。县委书记把我父亲安排到了温家妇救会长家里休息，并调来一个排长、一个警卫员和一个通信员。晚上妇救会长把热气腾腾的晚饭端在我父亲面前，吃完饭就睡在热乎乎的炕上，就像家里一样温暖。

可是时间非常短暂，马杰又带来了这次任务的方案。这次战役就是牵制敌人的大部队，为我军赢得时间，让敌人觉得咱的大部队就在温家。我父亲看着满山遍野的人，却一个人都不认识，更叫不出他们的名字。这时通信员来报告，敌人的大部队已经逼近了，这时把人员从头到尾排一遍已经来不及了。我父亲决定把土山区中队、沙河区中队、族家区中队的队长留下，组成三个排，天一亮来了通知就去潍县。

我父亲问马杰："他们都空着手没有枪怎么办？"马杰说："马队长，给你一匹马，枪和手榴弹一边走一边发。"这时国民党的军队也追了过来，天上是飞机，地上是车队，炸弹、炮弹轰隆轰隆地在人群中爆炸。一颗炸弹在我父亲身后炸响了，通信员和排长都牺牲了。

这时候我军埋的地雷也炸毁了敌人的汽车，可是骑自行车的敌人却紧紧咬住父亲的队伍不放一直追到沙河。父亲的肋骨痛得就好像刀子刺进了肉里，过河的时候是两个警卫员架着过的。就这样边打边撤走到了潍县，敌人也停止了追击。

部队稍微休息了一会儿，搭好了工

事，埋好了地雷。天还没亮，敌人的进攻又开始了。敌人真的以为许世友的大部队就在这里，这次的进攻倾注了所有火力，天上的飞机，地上的大炮，自行车队，一起发起了猛攻。

父亲的部队死伤非常惨重，就剩下了五六十个人，紧跟着我父亲边打边撤。可是双脚再怎么跑也跑不过汽车和自行车，敌人就一起猛追到前面将父亲的退路堵死了。我父亲一看不行了，就一头冲进了西河口，退到了潍北的大荒滩。

敌人把这潍北围了个水泄不通，我父亲这几十个人陷入了最大困境。子弹打光了，又没有粮食吃，又饿又累，饥寒交迫，有些人都坚持不住了，说："怎么办？马队长，不能在这个地方饿死，我们还是冲出去吧。"有的战士就说："又没有子弹，怎么冲？"

我父亲说："我们已经完成了牵制任务，大部队已经赢得了时间。我们现在就要想办法保存实力，因为我们上千人的队伍就剩下我们几十个人，一定要想办法活下去，等待机会再打出去。目前最重要的是找吃的，只要有吃的，咱就不怕敌人的围困。"这时其中有个战士说："我们这一带的人都知道这里虽然荒凉没有人家，可是这里是海河两岔口，经常有海里的鱼往这里游，吃鱼能坚持一阵子。"

一直到现在父亲回忆起那段时间都觉得很苦。因为自己的身体不好，天气也越来越冷，又吃不上粮食，身上单薄的衣服根本就挡不住严寒。父亲把人分成几个小组，把手榴弹和子弹全部集中起来，晚上就去摸敌人的岗哨，夺下了三个村子，在大卓河村派上了饭和衣服，就这样坚持了三四个月。

这时许世友正在分子山准备大战，分子山连全部牺牲。许世友提前开战，第一船兵全部牺牲了，第二船兵攻上了长沙岛，敌人的飞机都没起飞就被消灭了。这样许世友的大部队瞅准时机打回来，父亲的部队得到了救援，跟上了大部队，一起解放了潍县和坊子，直到解放济南。

鲜血总是红的

——记梁诚烈士的光辉一生

文 / 梁宁宁

梁诚烈士

我的父亲梁诚烈士（原名梁金龙），1916年生于湖北省沔阳县（现为仙桃市）峰口镇东晓村，为了纪念湘鄂西洪湖苏区，峰口镇划进了新成立的洪湖县，现在已更名为洪湖市。

1930年刚满十四岁的父亲就在家乡当了儿童团长，不久他参加了中国工农红军，从此走上了革命的道路，并在1933年加入了中国共产党。

土地革命战争时期，父亲先后在红二军团当战士、班长、副连长，第六师十七团、十八团俱乐部主任；红二方面军政治部宣传干事，红六师俱乐部主任，战斗剧社指导员。参加了湘鄂西、洪湖、湘鄂川黔革命根据地的反"围剿"和长征。

在长征途中，父亲总是组织宣传队员跑前跑后地喊口号、教唱歌、写标语，还经常自编自演一些小节目，利用各种形式活跃部队、鼓舞士气。有几位老同志至今还印象深刻，说："那时梁金龙在小节目中常装扮老太婆，还演得蛮像"。

老红军、原武汉军区副司令员张秀龙对我说："长征时他们每天跑一百多里路，还几乎天天打仗，有时一天打好几仗。休息时就做群众工作，再抓紧时间给自己打两双草鞋，否则，第二天就要光着脚跑路。"

特别是到了四川甘孜，红二、四方面军会师后，父亲他们作为全军的后卫，穿越荒无人烟的茫茫草地，部队走了整整一个月，最后几乎完全断粮，他们渡过了长征中最为艰苦的一个阶段。老红军陈靖回忆说："有一次方面军政治部派了一个十六人的小分队到红六师演出，他们只表演了十余个简单的小节目，可第二天早晨小分队中就有四个人因饥寒、缺氧或误食野菜而中毒去世了。当宣传队长和梁诚（时任红六师俱乐部主任）向师长郭鹏、政委廖汉生汇报部队的情况时，他们才得知，仅这一夜红六师就牺牲了一百一十四名同志。"

长征途中，父亲还有好几次和方面军政治部的一些同志参加巡视团和工作组到基层帮助工作。

陈靖同志还回忆说："长征中这些方面军政治部的各部部长及各师、团的宣传科长、俱乐部主任既是长征途中戏曲运动的推动者、组织者、领导者，又是最得力的编导和主要演员。每到达一个城镇或有一天的歇脚时间，这些同志就不约自来，同宣传队一起组织演出。"

穿越草地之后，红二方面军成立了战斗剧社，贺老总便让"有表演才能的梁金龙去当战斗剧社指导员"。在以后的岁月中，战斗剧社边战斗边演出，为我军培养了不少文艺骨干，我国许多文艺界知名人士如欧阳山尊、严寄洲、成荫、时乐蒙等都曾在战斗剧社工作过。

1937 年底，一二〇师挺进晋西北。应山西新军抗日决死队薄一波的请求，八路军总部及下属三个师分别调过去一批红军干部。父亲先后任山西省五寨县牺盟会（山西牺牲救国同盟会）主任（县委书记），兴县游击自卫总队政治部副主任。

1939 年 1 月，程子华同志调任冀中军区政治委员，父亲和谭冠三、张仁槐、旷伏兆、帅荣、聂鹤亭、李天焕、周彪等团以上干部一同调往。他先后在冀中军区担任五分区（后改为十分区）干部科长，四大队（老八团）、二十九团、二十七团政委。

在父亲担任战斗力较强的四大队（老八团）政委时，当时这支部队成员的成分极为复杂。团里有两千余人，大多是旧军人和农民出身，还有许多人练过武术，打起仗来，机枪、大刀一起上，真是光膀子不要命。另一方面思想也较为混乱，部队为何而战的目的不明确，旧军队习气尤为严重。大队长王禄祥更是一个兵痞出身的投机分子，他和几个把兄弟及亲信妄图掌控部队为自己谋取私利。

我父亲来到后，运用他在红军中学到的政治工作经验，首先建立了各级党组织，发展党员，加强政治思想工作。仅仅过了几个月，部队的精神面貌和凝聚力都发生了很大的变化。大队长王禄祥感到他再也不能为所欲为地指使部队，就暗中通敌，准备伺机反叛。

1939 年 8 月，王禄祥趁我父亲去分

区开会之机，谎报军情、假传命令蒙骗广大干部、战士，把四大队（缺一营）拉往河北永清县城郊驻扎，准备第二天天亮后投降日伪军。父亲得到报告后，不顾个人安危，立即和大队总支书记王力华（原二炮后勤部政委）、营教导员王大刚三人去追赶部队。当他们赶到四大队驻地时已是深夜了，父亲悄悄把几个营干部叫了出来，向他们讲明情况，晓以大义。当晚就把部队又带了回来，结果王禄祥只带了少数亲信投敌。这件事在冀中五分区影响很大，许多人都说，如果这次四大队拉不回来，分区的损失就大了。

这件事过去不久，五分区的部队被重新整编为二十七团、二十九团和三十二团，我父亲先后在二十九团、二十七团担任政委。他率部参加了冀中反“扫荡”及百团大战，与日伪军进行殊死决斗。这两个团有些战例还被记入八路军重要战役战斗战绩表册。

在这里最值得一提的是二十七团掩护冀中军区首脑机关胜利突围的河北威县掌史村战斗。

1942年春，为了保卫冀中军区首脑机关的安全，军区决定调十分区能攻善守的主力二十七团（俗称“门板战术团”）为冀中军区警卫团，首长们确信以二十七团两千余人的兵力掩护冀中党、政、军机关的安全是有把握的。当时二十七团团长去党校学习，团里主官只有我父亲一人。这年6月12日军区机关在河北威县掌史村被大批日伪军团团包围，在军区吕正操、黄敬等首长的正确指挥下，敌我双方激战一昼夜，在消灭了大量敌人之后，终于以极小的代价，掩护冀中军区首脑机关胜利突围。这次战斗受到中央军委的电令嘉奖，被誉为“平原游击战和村落防御战的范例”。

1943年，二十七团和二十九团等六个团跟随吕正操将军来到晋绥地区，后来被编入西北（第一）野战军，参加了解放大西北的许多战斗。现在驻浙江某集团军一师炮团的前身就是当年冀中十分区的二十七团和二十九团，这个集团军也是从湘鄂西苏区传承下来的一支光荣部队。

我父亲于1944年春到中央党校二部学习，这时候他把名字梁金龙改为梁诚。

为了改变中原抗日战争的敌我态势，扩大我军的实力，1944年11月，奉党中央命令，父亲随八路军南下支队（三五九旅）干部大队离开了我们。那时，我在延安中央医院出生还不满四个月。

1945年1月29日，八路军南下支队同郑位三、李先念领导的新四军第五师在湖北大悟县宣化店胜利会师。不久以干部大队为主重新组建了以廖汉生为书记的襄南地委和以贺炳炎为司令员、廖汉生为政委的襄南军分区，父亲被任命为中共石（首）公（安）华（容）中心县委书记兼江南指挥部政委。他们在襄南地区坚决贯彻党中央和中原局的指示，迎来了抗日战争的最后胜利。

抗日战争胜利后，1945年10月党中央决定以新四军五师、八路军南下支队等部队组建成中原军区，襄南军分区则改为中原军区下属的二级军区，即江汉军区，贺炳炎任司令员，廖汉生任政委。

但抗战的胜利并没有让中国人民得到最后的和平，“双十协议”的墨迹未干，蒋介石就撕毁了国共双方签订的停

安徽省太湖县烈士陵园纪念塔

安徽省太湖县烈士陵园

中原军区司令部旧址位于湖北省大悟县城东北约七十公里处的宣化店

战协定，再次爆发了全国大规模内战。

从1946年6月26日开始，国民党以三十余万军队大举进攻，包围中原军区所属部队，妄图一举消灭我军（这标志着第三次国内革命战争开始）。在党中央和中原局的正确指挥下，我中原部队分成几路，经过浴血奋战，突破了敌人的层层包围，这就是震惊中外的“中原突围”。突围期间父亲先后任江汉军区一团和鄂西北军区警卫团政委。

1947年2月，父亲和刘昌义、胥治中、张秀龙、张力雄、汪乃贵、胡鹏飞、何德庆、孔令甫等同志把几支被打散的部队集结在一起向东突围。当时突围部队临时组建了两个大队，父亲担任二大队政委。他们从敌人的重重包围中杀出一条血路，并于1947年5月上旬胜利抵达皖西。在这里与皖西桂林栖所率领的部队会师，会师后这两支部队组建成皖西人民自卫军，父亲任第二支队政委。

在艰苦的战争环境中，作为一名优秀的政治工作者，每当部队遇到最困难和最危急的时刻，父亲总是临危不惧，发挥政治工作的威力，用贺龙“两把菜刀闹革命”和红军爬雪山、过草地的大无畏精神鼓舞部队的士气，教育战士发扬红军精神和传统，从而克服困难，战胜敌人。而在实际工作中，他又总是吃苦在前，冲锋在前，退却在后，处处作下级的表率，这样的感人事例有许多。

1947年10月，刘邓大军挺进大别山后，在安徽省太湖县刘畈乡召开三纵（司令陈锡联，政委彭涛）旅以上干部和皖西人民自卫军支队以上干部会议，决定成立皖西军区（司令曾绍山，政委彭涛），父亲担任皖西一分区副政委兼政治部主任，分管军队工作。

人们常说：我们的党旗、国旗和军旗是用无数革命先烈的鲜血染红的。这句话在我们姐弟心中有着更加深刻的体会，因为我们的父亲就是在中国共产党成立27周年的那天下午牺牲的，他用自己的生命履行了他的入党誓词。

当时，解放战争正处于最关键的时刻，淮海战役即将打响。为了减轻我军淮海前线的负担，党中央令皖西军区牵制敌人几十个团的兵力。因此，皖西军区承受了巨大的压力，生存环境极为艰苦。

1948年7月1日上午，皖西一分区刚简单庆祝了中国共产党成立二十七周年生日，便接到皖西军区的紧急命令，敌人要合围一分区，命令部队迅速向敌人兵力薄弱的鄂皖赣三省交界地区转移。

接到命令后，他们立即率分区和地委机关、部队出发。按分区二十团在前，分区和地委机关居中，基干团殿后的行军序列前进，行军的相互间隔约为十余里。

部队走了几个小时，下午2点左右来到皖鄂交界的太湖县的一个名叫马嘶铺的小村子（现属安徽省太湖县北中区望天乡），当时这个村子里只有二十多户人家。因为前面已经过去了一个团，并没有发现敌情，就让部队在村外的小河边稍事休息，吃点干粮。

父亲和分区副司令员伍国仲、行署专员刘秀山带了十几个参谋、警卫人员进到村子里了解情况。不料在村子中央的三岔路口，敌桂系四十七师搜索营的一个一百多人的前哨连顺着弯路从另一个方向进了村子。父亲最先发现敌人时，双方相距只有百十米了，父亲误以为他们是分区前面过去的二十团掉队或走错路的战士（解放战争时敌我双方的军服颜色相似），就大声喊了几句："队伍都过去那么久了，你们怎么还在这里？"对方怔了一下，但仍继续往前走。

这时父亲已看清来者是敌人，根据当时情况，父亲完全有条件最先撤离现场，因为按这里的地形，只要走出十余步就可进入旁边的小巷，随后上山即可脱离险境。但父亲很镇静地站在原地没有动，而是悄声告诉其他同志不要慌乱，佯装散步赶紧撤离。

时间一秒一秒地过去，刚缓过神的敌军，猛然加速跑步向这边冲来。当父亲看到行署刘秀山专员和分区伍国仲副司令员带着人安全地进了小巷后，他这才带着警卫员魏金松等人边打边撤，敌人蜂拥般尾随我父亲追了过来。父亲为了引开敌人，并没有随其他同志跑进旁边的小巷，而是进了另一户老乡家（当时老百姓都已跑光了）。当他们翻过这家的后院墙，没料到院墙外竟是一片刚收割完的水稻田，是一块大约几十米长的开阔地，敌人便趴在老乡的院墙上向父亲开枪。密集的子弹向这边打来，父亲他们已经跑到稻田边的土坡旁，如果再爬上坡就可以安全上山了。但就在这时父亲的背部中了几弹，警卫员急忙把他背到山坡上，父亲就在这里光荣地献出了宝贵的生命，年仅三十二岁。这也是父亲在革命队伍中浴血奋战的第十八个年头。

与此同时，我们在村外休息的部队听到枪声也急忙冲进村里，敌我双方在这里打了一场意外的遭遇战。

后来老红军伍国仲将军回忆说："那次要不是梁诚政委沉着冷静的处置，我们的损失就大了。"父亲用自己的生命换来了战友和分区部队的安全。

在庆祝中国共产党成立90周年的时候，我们千万不能忘记，我们今天的幸福生活和稳定环境来之不易，它是由无数革命前辈和革命先烈用自己的青春、鲜血和生命换来的。

父亲的遗体如今被安葬在安徽省太湖县烈士陵园。

罗生特：新四军中的『白求恩』

供稿/中国人民抗日战争纪念馆

罗生特

罗生特，1903年生于奥地利。1923年入维也纳大学医学院学习，1928年毕业，获医学博士学位。1939年逃亡至中国。1941年3月加入新四军。1942年，他经钱俊瑞和陈毅介绍加入了中国共产党。1949年返回祖国。1952年4月病逝。

罗生特，这位被陈毅元帅尊称为“活着的白求恩”的奥地利友人，为了躲避纳粹分子的迫害，不远万里奔赴中国。怀着一腔热爱和平、热爱中国人民的热血，罗生特毅然抛弃上海的富裕生活，加入了艰苦抗战的新四军，为挽救新四军将士的生命呕心沥血，并以实际行动实现了加入中国共产党的心愿。由于思乡心切，罗生特在离别家乡十载后，踏上了返国的行程，但家乡的惨境使他回想起在中国的热烈生活。当他再次回归曾经战斗过的中国之际，却因重病缠身，客死他乡，心愿未了，遗恨九泉之下。

远离魔窟来上海

罗生特，原名雅各布·罗森菲尔德，犹太人，1903 年出生于奥匈帝国。1938 年，希特勒统治的德国“兼并”了奥地利，德国法西斯实行民族清洗政策，在奥地利大肆迫害犹太人，罗生特无辜被关进了纳粹集中营。

在遭受折磨一年后，罗生特侥幸地获释，但立即被驱逐出祖国，并且被勒令永远不准回国。罗生特拖着病残的身体茫然四顾。家破人亡，他只好带着小弟弟约瑟夫，偕同一个难友，悲伤地离开祖国，从养育他长大成人的故乡来到当时世界上唯一不需签证的中国的上海。

罗生特在上海与一位共产党员沈其震结识，并要求参加新四军。1941 年 3 月中旬，他由中共地下组织护送秘密奔赴苏北。为了防范敌人，掩人耳目，沈其震把雅各布·罗森菲尔德的名字改为罗生特。从此，罗生特的名字在新四军中传开来。

新四军的白求恩

罗生特参加新四军时，正值国民党发动皖南事变后不久。新四军军部重建，部队中的医护人员奇缺，像罗生特这样受过专业培训、医术高超的医生实在是凤毛麟角，所以，他的到来受到新四军所有官兵的热烈欢迎。新四军代理军长陈毅、政委刘少奇亲自接见了罗生特。

罗生特参加新四军后，发现新四军缺乏医疗人员。在他的建议下，新四军开办了卫生学校，培养人才。他充分发挥自己的能力，编写教材，自制教具，把随身携带的大批医疗器械捐献出来，供学员们使用。他为学校制定了一套严格的培训制度，使新四军的医疗卫生事业逐渐走上了正轨。当时，由于遭到敌人的封锁，医疗器械和药品奇缺，为了解决实际困难，他和学员们利用一切可以利用的材料，做一些器具。他在讲解固定伤肢技术时，强调夹板不一定要用木板，树枝、枪把，甚至高粱秆都可以用。在山东抗日根据地，没有金属镊子，便用竹子制成镊子。他的这些办法，在治疗过程中很有效，同时也鼓舞了学员们的学习兴趣。罗生特身体力行，严格教育，为新四军培养了一批医疗人员，为新四军解决了困难，受到军部领导的赞扬。

从左往右为：刘少奇、罗生特、陈毅

罗生特以高超的医术、辛勤的劳动、和蔼的态度、高尚的情操，赢得了新四军全体将士的崇敬，被誉为“新四军的白求恩”。

妙手回春救元帅

陈毅军长因战功卓著，中华人民共和国成立后被授予元帅军衔。抗日战争时期任山东军区司令员兼政委的罗荣桓同志，也因战功卓著，中华人民共和国成立后被授予元帅军衔。这两位元帅在抗日战争时期与罗生特建立了深厚的友谊，他们之间发生过许多感人的故事。

罗生特与陈毅军长一见如故。陈毅军长为罗生特身怀医技，投身中国革命所感动；罗生特也为这位才华横溢、任人唯贤、气度非凡的将军所折服，两人在战争年代结下了深厚的友谊。但他们之间的友谊却因为一件大事，差点受到影响。陈毅军长的妻子张茜分娩时，罗生特为她接生。罗生特当时非常生气，认为陈毅军长薄情，连自己妻子生小孩这么大的一件事都不在乎，只管他的军队，不爱护自己的妻子，这样的人不可交。正当罗生特对陈毅军长的做法不满时，有人拿出陈毅军长为爱妻写的一首情诗，并反复解释陈毅军长为了新四军抗敌而不能不这样做后，罗生特才消除了心中的不满。后来，陈毅军长还为此亲自向罗生特道歉。

1942 年春，罗生特向中国共产党提出入党申请。陈毅军长知道后，爽快地自愿为罗生特作入党介绍人，并帮助罗生特积极进步。在陈毅军长的指导下，经上级党组织同意，罗生特作为特别党员被吸收入党。从此，他成为一名中国共产党特别党员，这在中国共产党历史上也是很特殊的。

1943 年 1 月，时任山东军区司令员兼政委等五大要职的罗荣桓同志患了严重的尿血病，但始终查不出病因。陈毅军长非常关心罗司令员的病情，他致电中共中央建议请罗生特为罗荣桓同志治病。罗生特也十分高兴，他渡过洪泽湖，为罗荣桓进行细致的检查。在罗生特的精心治疗下，罗荣桓的病情稳定下来。由于山东战场的形势紧张，罗荣桓不得不暂时停止特别治疗，赶赴山东前线指挥作战。

同年 8 月，罗荣桓病情再度恶化。陈毅军长和刘少奇商量后请罗生特暂时放弃去中共中央所在地延安的计划，立即赶往山东。罗生特对这位身患重病的将军仍然从容地指挥军队与日本法西斯作战非常敬佩。在治疗罗荣桓司令员的两年中，罗生特日夜操劳，感动了罗荣桓及其家人，与罗荣桓一家亲如一家。罗荣桓长子，当年仅五岁，见面就称他为“大鼻子叔叔”，听他模仿各种动物叫声，与他特别亲热。保证了罗荣桓的身体健康可以说是罗生特对中国革命的一大贡献。

客死他乡难消恨

1949 年 9 月，全国解放已成定局。罗生特认为自己为其献身的中国人民抗日战争和解放战争已先后获得胜利，而他离开祖国已整整十年了，思乡之情愈发心切。但不幸的是，他在北京协和医院检查身体时，发现患有高血压和心脏病。

罗生特回国前夕，特意去了上海。当他见到已任上海市市长的老友陈毅时，分外激动。陈毅特意为他定做了一套漂亮的西服，作为罗生特回国的赠礼。

陈毅在为罗生特饯行的宴会上，高

度评价了他对中国革命所作的贡献，称他是“活着的白求恩”，并颁发给他中德文对照的荣誉证书。

1949 年 11 月底，罗生特回到阔别已久的祖国。母亲已惨死于纳粹集中营的焚尸炉，哥哥因病正在动手术，唯一欣慰的是能与妹妹重逢。罗生特回国后没有工作，生活窘迫，但他不为困难所吓倒。他想写一本在中国的经历的书，想把中国过去的苦难和顽强告诉给奥地利人民，播撒奥中友谊的种子。但由于当时的欧洲国家对新中国抱有偏见，不允许他出版此书。

罗生特此时身体虚弱，心脏病复发。他想起了在中国的美好时光，他是多么地想重回他的第二故乡中国，安度晚年。他曾到当时驻东德的柏林和瑞士的伯尔尼的中国大使馆申请入境签证，不知何故没有得到答复。病魔在折磨着他瘦弱的身体，他是多么地渴望投入新中国的怀抱啊！

1951 年 8 月，罗生特赴以色列看望弟弟约瑟夫，就是与他一同逃难到上海的那个小弟弟。此时的罗生特，健康每况愈下，1952 年 4 月 22 日，终因心肌梗死客死他乡。

1953 年初，陈毅辗转得知罗生特想回中国的强烈愿望后，与罗生特的妹妹取得联系，为时已晚，罗生特已逝世半年多了。一位国际友人带着眷恋中国的遗恨离开了人世。

白求恩（左四）与八路军晋察冀军区司令员聂荣臻（左二）等合影

中国空军的雄鹰——王海大队

文 / 安克骏　李　瑶

王海和他的座驾 9 星米格 -15

在人民空军半个世纪的辉煌历程中，英雄模范人物灿若星河。他们用自己坚定的信念、不懈的追求、珍贵的鲜血乃至生命，谱写了一曲曲撼人心魄的时代凯歌。璀璨的群星，把天空映衬得光彩夺目。特别是在抗美援朝战争时期，在志愿军空军部队中曾涌现了许许多多的英雄群体和个人，而志愿军空军某师第九团第一大队则是这些英雄群体中最为耀眼的一颗明星。在入朝参战期间，第一大队参加空战八十多次，击落击伤敌机二十九架。大队长王海率领着他的飞行大队初上朝鲜战场的时候，飞行员平均飞行时间不足一百小时，甚至没有打过一次空靶。而他们的对手美军飞行员大多参加过第二次世界大战，飞行时间多在两千甚至三千小时以上。但是他们却在极短的时间内迅速成长了起来，在王海的带领下全大队人人立过战功，架架战鹰红星闪耀：

王海，大队长，击落击伤敌机九架，一级战斗英雄，特等功臣；

孙生禄，击落击伤敌机七架，二级战斗英雄，特等功臣；

焦景文，击落击伤敌机四架，二级战斗英雄，特等功臣；

刘德林，击落击伤敌机三架，一等功臣；

马保堂，击落敌机一架，一等功臣；

周凤性，击落击伤敌机二架，二等功臣；

张滋，击落敌机一架，二等功臣；

马连玉，击落敌机一架，二等功臣；

鄢俊武，击落敌机一架，三等功臣。

英雄的大队，英雄的战士，他们立下的不朽功勋，在中国空军史上写下了

王海（前一）大队在朝鲜战场共击落击伤美机二十九架

焦景文

刘玉堤

张积慧

光辉的一页，他们是中华人民共和国最早的一批空军王牌飞行员。在这些王牌飞行员中，王海的知名度可能是最高的。这并不因为他后来成为中国空军第五任司令员，而是因为在经历过的空战当中，他不仅取得击落四架、击伤五架敌机的人民空军的最高纪录，而且率领英雄的“王海大队”空战八十多次，取得了击落击伤敌机二十九架的优异成绩，荣立集体一等功。

宝剑锋自磨砺出

在北京军事博物馆里，有一架机身上有九颗红星的米格-15型歼击机，九颗红星象征着九架敌机曾被这架战斗机击落或击伤。这九颗红星的主人就是著名的空军英雄、原空军司令员王海。王海于1925年出生在山东省平度泊子村（现属威海市）。1944年5月，十九岁的王海参加了胶东抗日青年支队，为期一年有余的战斗生涯使王海成为一名有勇、有谋、刚毅果敢的战士。1945年9月他光荣地加入了中国共产党。抗战结束后，带着努力学习、提高自己文化水平的愿望，王海成为山东大学的一名学生。

抗日战争胜利后，鉴于我国还没有自己的空军，党中央决定利用接收和搜集到的敌伪航空器材，在东北筹建一所航空学校。1946年3月1日，我军第一所航空学校——东北民主联军航空学校正式在通化成立，中国军队开始了征服蓝天的艰苦历程。那时解放战争刚刚打响，国民党想方设法地破坏我军的航空学校。为了躲避国民党空军的频繁轰炸，1946年5月，航空学校转至牡丹江。航校从通化迁到牡丹江的过程中，有些飞机是用马车拉去的，有的则是用人推去的。航校安定下来后，从抗大山东分校学员中挑选了一百零五人，作为东北民主联军航空学校的第一批学员，正在山东大学学习的王海被选入这所学校，正式成为中国人民解放军的一员。

东北民主联军航空学校

航校建校伊始，环境极端艰苦，摆在学员面前的只有几排破旧不堪的平房，一条满是弹坑的跑道和二十几架经过修理勉强可以使用的日式飞机，这就是东北老航校建校伊始的全部家当。当时训练用的飞机是日本99高教机，以后又陆续添加了战斗机、轰炸机、运输机，但总共只有几十架，而且都是大家七拼八凑拼起来的破破烂烂的飞机。在当时恶劣的环境下，保存实力已是相当困难，在此基础上组织飞行训练更是难上加难。但是为了完成党交给的光荣任务，航校的创建者和学员们以惊人的毅力和智慧创造了一连串的奇迹：飞机上没有无线电设备，训练时大家就用晃动飞机的办法互相示意；没有计时表，就把教室的钟绑在腿上；轮胎和螺旋桨不够用，前一架飞机着陆后，赶紧卸下来，再装到后一架飞机上；没充气设备，就用自行车气筒给飞机轮胎打气；一个教学组只有一两顶飞行帽，四五名学员共用一套飞行服……就是在这样的血雨腥风、艰难困苦中，飞行学员们依然勇往直前，大家团结起来，在极其艰苦的条件下进行着飞行训练。航校学员多，教员少，时间紧，飞机、器材不足，组织实际的飞行训练十分艰难，经常是拂晓开飞，日落后才能收场，一个教员同时要带七八名学员，从开飞到停飞几乎整天在飞机上。

残酷的战争环境和多次“搬家”也给学员们的生活带来难以想象的困难。飞行员们常吃的只有高粱米、玉米棒子。寒冬腊月，气温在零下三十多摄氏度，许多人穿不上棉衣。住的房子是四面通风的旧营房，还没有炉子取暖，晚上大家只能戴着棉帽睡觉，冻醒了就裹着被子在屋里兜圈子。当时的中国，百废待兴，尤其是空军，几乎可以说是从零开始。设施简陋，设备严重短缺，飞行学员素质不高，文化程度低。在这种情况下进行学习，无疑是艰苦的，也是痛苦的。但正是在这种艰苦的条件下更能激发人的意志和潜能。王海他们硬是挺了过来，在这样严酷的生活环境中奋斗了将近四年。到 1949 年 7 月，作为大陆空军的摇篮，东北老航校共培养航空技术干部五百六十人，在人才和技术上为我国空军的创建做了充分的准备。他们中的骨干后来被作为火种播撒到中国的大江南北，成为大陆空军第一批航校的奠基人。

1949 年 3 月 17 日，中央军委从东北老航校抽调人员组成军委航空局。4 月 25 日中央军委任命刘亚楼为空军司令员，肖华为空军政治委员。8 月 15 日，中国人民解放军空军第一支担负作战任务的飞机中队在北京南苑机场宣告成立。11 月 11 日，中央军委宣布中国人民解放军空军司令部成立，空军作为一个独立的军种，正式宣告成立（因此，11 月 11 日成为中国人民解放军空军的节日）。中华人民共和国成立初空军机关人员全部从陆军抽调，装备则是由苏联提供。空军创建初期的装备一部分是缴获国民党空军的，多数是从苏联购买的。五十年代我国空军装备的歼击机类型有米格 -9、米格 -15、米格 -15BHC、米格 -17、米格 -17Φ、米格 -17 Ⅱ Φ、米格 -19C、米格 -19 Ⅱ。轰炸机主要有图 -2、伊尔 -28、图 -4。地空导弹有萨姆 - Ⅱ。

米格 -15 战斗机

1950 年 6 月 19 日，中国人民解放军空军的第一支航空兵部队——空军第四混成旅在南京正式成立。这支部队集中了当时空军的所有战斗力，共有两个歼击机团、一个强击机团和一个轰炸机团。王海从东北老航校毕业后进入第四混成旅，成为其中一名中队长。长期的军旅生活，使他成为一名有勇、有谋、刚毅果敢的优秀空军指挥官。

朝鲜战场上初露锋芒

1951 年初冬，抗美援朝战争进入了第二个年头。中朝军队与以美国为首的联合国军正处在打打谈谈的阶段。根据

F-86 战斗机编队

志愿军空军的统一部署，航空兵四师第九团第一大队，在大队长王海的率领下，肩负着党和祖国人民的期望，驾机飞到了硝烟弥漫、战火纷飞的朝鲜前线。在出征前，朱德总司令和刘亚楼司令员亲自到辽阳机场为志愿军空军送行。朱德总司令对他们语重心长地说："你们的任务很光荣，前方的部队正盼望着你们！"听着朱老总的嘱托，大家热血沸腾，暗自下决心在前线奋勇杀敌。一到前线，王海和战友们就接连进行了几次熟悉战区、航线的飞行。望着朝鲜美丽的江山废墟累累，到处是残垣断壁，大家个个义愤填膺，恨不得立即能投入战斗，狠狠打击美国侵略者的嚣张气焰。

一大队的飞行员都来自陆军。在抗日战争和解放战争中，他们虽然和敌人拼过刺刀，立过战功，可在飞行技术上还是个小学生。他们在喷气式歼击机上只飞行训练了几十个小时，刚刚掌握了中队和大队的编队技术，还没有飞过复杂气象和特技，甚至连一次空靶也没打过。不过，这群年轻的空军战士并没有被号称"世界第一空军大国"的美国空军吓倒，他们决心在战争中学习，以敢于斗争、敢于胜利的大无畏精神打败美国空军，提出了"来者不拒，碰到就打，一定要消灭它"的英雄誓言！

但是当时双方空中力量无论在质上还是量上都存在较大的差距。朝鲜人民军空军作战使用的飞机多为二战时使用的活塞式飞机，如伊尔 -10 强击机、雅克 -11、拉 -9、拉 -11 等，新式的苏制米格 -15、米格 -15 比斯为数不多。米格 -15 战斗机是二战后新研制的喷气式作战飞机，属轻型歼击机，空战能力较强，可担负空中护航和空中拦截任务，但无法对地面目标实施轰炸。除米格 -15 为喷气式战斗机外，其他战机多为旧式螺旋桨飞机，推力小，时速慢，机动灵活性差，根本无法对美军构成威胁。而以美国为首的联合国军空军有各式作战飞机共一千余架，其中有喷气式战斗机：F-80 奔星式、F-84 雷电式、F-86 佩刀式、海军与陆战队的 F9F 黑豹式、F2H 女妖式；有活塞式战斗机：F-51 野马式、F4U 海盗式和 AD 空中袭击者式；有轰炸机：B-26 轻型战术轰炸机、B-29 重型战略轰炸机。

在美军的所有喷气式战斗机中，F-86 佩刀式战斗机基本上与米格 -15 不相上下，这两种飞机的飞行性能差不多，但米格 -15 的重量比 F-86 更轻，因而更具有较好的爬高和机动飞行性能。米格 -15 靠飞行员的目视发现目标，而 F-86 还专门装有 APG-30 型瞄准器。米格 -15 装有两门或三门大口径航炮，威力较大，炮弹只要在空战中命中敌机，就可将其击毁，但这种航炮的发射速率则不如 F-86 的六挺机枪发弹速率快。朝鲜内战爆发后，美国远东空军就把第五航空队的主力即B-26轻型轰炸机、F-80和F-51战斗机从日本迅速调到朝鲜，用于歼灭朝鲜人民军有限的一点空军力量，并很快夺取了绝对的空中优势。1950年底，又有一个联队的F-86被调入朝鲜，专门用于对付米格-15飞机。

11月的朝鲜前线，早已是冰天雪地，寒风凛冽。就在这寒流滚滚的恶劣条件下，一大队的空中勇士开始了那不同寻常的战斗生活。然而，刚一上阵，大家便遇到了麻烦，由于缺乏实战经验，一连几次空中战斗都是乘兴而去，空手而归。他们在空中接到敌情通报后，有的只顾看仪表，忽略了向外搜索；有的心情急躁，东张西望；有的只看一个方向，顾此失彼。就这样，几次起飞战斗不但没打上仗，连敌机的影子也没发现。一大队的小伙子们沉不住气了，个个心急如焚，觉得浑身有劲没处使。大队长王海更是为这事饭也吃不下，觉也睡不好。为了找出不能发现敌机的原因，几天来，一有时间王海就组织大家研究分析。经过一番精心的研究摸索，一大队终于总结出了在空中搜索敌机的要领：在空中要十分沉着地按照地面指挥员指示的方向，由近及远，由远及近，由高及低，由低及高地观察；在思想上，大家应互相信任，严格按照规定搜索自己的警戒区。症结找到了，大家终于松了口气，并期盼着新的战斗的到来。

1951年11月9日，一个非同寻常、值得纪念的日子，王海带领他的队员们迎来了人生中的第一次空中实战！上午9点44分，空军接到情报：在平壤以南有8架美军的F-84战斗轰炸机正向北进犯。9点51分，“啪！啪！啪！”机场上三颗绿色信号弹腾空而起。王海率一大队如离弦之箭直射平壤上空，战鹰升空后排成“品”字队形往南飞去。

当到达战区时，茫茫的天空中除了自己的飞机以外，根本就没有了敌机的踪影。在当时，搜索敌机是非常困难的，全部要靠地面雷达的导引。王海后来回忆说：“最初参加空战时，我们遇到的最大问题是不能够首先发现敌机。战斗往往是瞬间的事情，谁先发现对方，谁就能多一分制胜的把握，往往搜索阶段大家都很紧张。美军飞行员也一样，我就在空中亲眼看见他们有的飞行员一边飞行一边用望远镜搜索瞭望。”根据研究的搜索要领，大家按照分工仔细地搜索着各个空域。王海睁大眼睛，从远方的天地交接线上开始，由远而近、从左到右，细细地搜索。由于没有实战经验，飞行员们并没有发现敌机。当他们决定返航时，耳机传来地面的通报：“前方约四十公里处有一架FMK-8型飞机！”于是他们再度向前飞行，王海的眼力在一大队里算得上是佼佼者，可是，在这无云的

中国空军战机追逐美军F-86

晴空中就是找不到敌机的影子。王海心一烦，额头上浸出了粒粒汗珠。他屏住呼吸，再次仔细搜索。当机群飞至宜川上空时，一簇簇黑点突然在右前方闪出，凭直觉，王海认定这就是苦苦寻找的敌机。几个声音几乎同时喊了起来："发现敌机！发现敌机！"

一大队第一次捕捉到敌机踪影，那高兴劲儿真是难以形容。可是，就在他们准备攻击的一瞬间，狡猾的美机先动手了。只见十二架 F-86 战斗机一个右转弯，一起向一大队扑来。形势陡然变得对一大队十分不利。在这万分危急的关头，飞在机群后尾的马保堂不顾个人安危，挺身而出，驾机朝敌人的机群箭一般地冲了过去。这突如其来的一招，把敌人吓蒙了，敌机顿时乱了阵势，立即停止了对一大队的攻击，恶狠狠地向马保堂包围过去。面对敌人的围攻，马保堂面无惧色。他猛地一拉操纵杆，飞机直冲云霄，一下子就把敌机甩在下面。接着，他迅速占领高位，忽而冲下来攻击敌机，忽而迅速跃升压住敌人，不让敌人上来。十二架美机见对这架志愿军的战机奈何不得，只好拨转机头向海面逃去。

马保堂只身大战群敌，掩护机群转危为安的英雄事迹，在部队里迅速传开，这大大鼓舞了大家战胜强敌的信心。可是这次空战只是把敌机吓跑了，没能打下几架，一大队的官兵们仍感到很惋惜。他们下定决心苦练空战本领，一定要狠狠地打击敌人。机会终于来了，在一次战役中，王海大队与敌机不期而遇了。

这一天，王海和战友们正在执行任务，突然发现有敌机在周围活动。王海密切地注视着敌机的动向，耳机里响起僚机焦景文的声音："一〇二，右前方发现小狼。拉着白烟，拉着白烟！我是一〇三！"

"一〇三，明白！"王海应答道。

敌机拉着两条白烟，向西北迎头飞来。"两条白烟，大概是双机。"王海这么估计着，把飞机往右一侧，转个小弯，追近敌机。

敌机这时也发现了一大队机群，忙扭头往左一转，机身远远闪过。王海一看原来是一架 FMK-8 战斗轰炸机，因有两个喷气管，所以拉出两道白烟。

这真是千载难逢的大好时机！王海大喊一声："加油门，追！"一马当先追了上去。敌机越来越近了，当它再次侧转机身想掉头南飞时，王海立刻使劲按下炮钮。炮弹嗤嗤地飞出炮口，但敌机像滑溜溜的泥鳅，仍平稳地飞着。显然，第一次攻击没有击中。

王海又气又急，恨不能一炮把它打成两截。他拉起机头，再次冲了上去，又是一通炮火。"打着啦！"王海兴奋地大叫起来。只见敌机拖出一道长长的黑烟，可它抖抖翅膀，继续向前蹿去——没有击中要害。王海用手抹抹脸上的汗水，猛然想起，刚才没有使用光环瞄准，看样子攻击距离还是太远。王海定了定神，一加油门，又追了上去。光环里的敌机投影越来越大，他猛按炮钮，可是听不到炮弹出膛的声音。糟糕，炮弹打光了。王海急忙喊道："你们攻击！"紧跟在后面的僚机焦景文、副大队长周凤性，早就急得手发痒了。听到命令后，狠命地按下炮钮，不一会儿，炮弹喷射而出。

王海、焦景文、周凤性把炮弹打光后，各自返航。这时，空中只剩下周凤性的僚机刘德林一个人了。他紧跟敌机不放，连连发弹，可就是打不下敌机。敌机眼看要越过“三八线”了，这可急坏了刘德林。他下定决心：“打不掉你，今天老子就不回去！”他一会儿绕到敌机左边开炮，一会儿又转到敌机右边开炮，一会儿再对着敌机屁股开炮。敌机终于冒出熊熊火焰，像断了线的风筝，一头栽向地面。

一大队首创战绩的消息轰动了全团，轰动了野战机场，人们欢欣鼓舞，奔走相告，整个机场沉浸在欢乐的气氛中。毫无疑问，这些大多来自陆军、与敌人拼过刺刀、立过战功的空中勇士，堪称世界上最勇敢的飞行员。但是空战不仅要勇敢，还需要熟练的技术和灵活的战术。一大队没有被胜利所陶醉，讲评会上，大家你一言，我一语，纷纷发言。王海也认真总结了自己的不足：攻击时，不注意节约炮弹；返航时也没顾上编队，幸亏没有再遇上敌机，不然，后果不堪设想。此战王海初露锋芒，王海大队也实现了“开门红”，为后来成为空军雄鹰打下了坚实的基础。

1951年11月18日下午，天空堆满了积云，是一个十分不利于飞行的天气。但是狡猾的敌人却在这样的天气下发动了进攻，企图在云层掩护下向北侵犯。下午2点左右，志愿军前线雷达在朝鲜北部的大同江和永柔地区上空发现美机分九批，共一百八十四架，一部分活动于永柔地区，一部分进犯至安州、清川江一带对铁路目标进行轰炸扫射。2点24分，空三师九团奉命起飞十六架米格-15战斗机飞向肃川地区进行截击。王海也带领一大队六架战鹰奉命赶往战区。

“一〇二，一〇二！在前方发现小狼！”当飞机接近清川江大桥时，王海清楚地看到低空中五六十架敌机正张牙舞爪地对江桥俯冲轰炸，江面上腾起一股股浓烟。“跟我攻击！”王海一声令下，六架战鹰闪电般向敌机冲去。

敌机一下子失去了刚才的傲慢劲儿，慌忙把炸弹扔到沙滩上，仓促应战。双方战机顿时缠斗在一起，一片混战。美军的F-84战斗机在性能上不及志愿军的米格战斗机，但是他们在数量上却占绝对优势。战斗开始时，美军猝不及防，仓促应战，被王海大队的六架战斗机打得晕头转向，乱了阵脚。不过，敌人毕竟是有实战经验的飞行老手，且训练有素，很快就稳住阵脚，重新集结编队，他们采取了一种新战术：只见敌人八架飞机首尾相接，排成一个大圆圈。这是一个十分厉害的空战队形，当攻击圆圈中的前一架敌机时，后一架敌机马上就会跟上来，立即咬住我军米格-15战斗机的尾部，进行掩护。

眼见敌机一圈套一圈，渐渐摆脱困境，王海迅速地思考应敌策略，他灵机一动：这样跟敌人斗不行！必须发挥我机优于敌机的垂直机动性能，打破这个“螺圈阵”。他大喝一声：“爬高占位！”米格战斗机的垂直机动性能非常好，六架战鹰“唰——”的一下拉上了高空，战斗机爬升后又立即向下俯冲，再拉上去，再冲下来……反复多次以后，敌机被冲散了，“螺圈阵”终于被砸开了！

“三中队掩护，一、二中队攻击！”随着王海的命令，一道道弹光划过天空，直奔敌机而去。王海趁机咬住一架敌机，把它稳稳地套进瞄准光环，在五百米距离上，一个长射，一架F-84被打成一团

火球，敌机翻滚着掉了下去。与此同时，另一架敌机却暗暗地瞄准了王海的战机，僚机焦景文眼明手快，立即瞄准这架准备偷袭的敌机，果断地按下了炮钮。炮弹击中了敌机的肚子，“轰”的一下准备偷袭的敌机在空中四分五裂地开了花。俩人越战越勇，乘胜追击，又各击落一架敌机。不远处，4 号机飞行员孙生禄也首尝胜利果实，他发扬了陆军“刺刀见红”的精神，直追敌机，在三百米的距离上发炮，把一架敌机打得凌空爆炸，好似一朵盛开的“铝花”，“花瓣”四处飞溅。

六十多架敌机被一大队六架战鹰勇猛的攻击打晕了，惊恐万状，四下逃散。王海没有恋战，他果断地下达了命令：“集合返航！”一场干脆利落的漂亮仗结束了。一大队六架战鹰与六十余架敌机较量，从万米高空打到千米低空，从清川江打到大同江，纵横数百里，获得击落敌机三架、击伤三架的辉煌战果。

对于一大队取得的辉煌战绩，上级首长给予了高度赞扬，但同时也指出了问题：空中战斗不能光靠猛打猛冲、单机作战，应该仔细研究长机与僚机怎么配合，编队作战，发挥整体优势，合力制敌。学习、作战、总结……在战斗间隙，王海撰写了《对空作战几个问题的体会》，在志愿军空军中第一次从军事学术研究的角度介绍了自己驾驶新飞机作战的经验。这篇文章被志愿军空军司令员聂凤智转发至全部队，在部队掀起了一股钻研战术的热潮。学术研究很快见效于空战，王海大队在战略、技术上都有了很大的提高，中华人民共和国仅一岁有余的空军慢慢成熟，真正成为“王牌空军”。

“王牌空军”战场显神威

1951 年 12 月 15 日，美军四批五十八架敌机在平壤上空活动。十分钟后，空十四师四十二团起飞十八架米格 -15 战斗机应敌，空三师九团起飞二十架米格 -15 战斗机担任掩护任务（其中四架故障返航）。在四千米的高度，四十二团十八架米格 -15 直扑敌机。七千米高空，九团十六架米格 -15 编队掩护着他们。6 点 58 分，太阳驱散了漫天的晨雾，平壤东南方天幕上，一个银色的亮点闪现于湛蓝的晴空，留下了宛如纱带的一道白烟。这是一架返航的“银燕”。再往后看，两架涂着迷彩色的美机发疯似的紧追着。显然，这架“银燕”遭到敌人的追击。

就在这万分危急的时刻，两架“银燕”像神兵天将一样突然从云端闪现出来，一起向美机扑去。空中响起隆隆的炮声，一团团白色的烟球，在敌机的尾巴上跳动。两架敌机受惊似的一震，一转机头贴着海面溜走了。那架返航的友机得救了。营救战友的正是王海和焦景文，俩人见友机已脱离了危险，立即加油门，追赶编队。

突然，耳机中传来地面指挥员的命令：“注意！注意！你们周围有小狼，有小狼，准备攻击！”

王海提高了警惕。他明白作为一名空中指挥员，除了领会地面指挥员的意图外，还要掌握刹那间空中发生的变化，相机制敌，决不能有丝毫疏忽。果然，没多大工夫，王海在右前方发现两架敌机，他用送话器喊道：

“一〇三，有两只小狼，注意编队，跟上来！”

王海一面向僚机通报敌情，一面机

警地绕到两架敌机后面。

“在后方，过来四只小狼，距离两千米。”乱糟糟的耳机中，传来焦景文那紧张而急促的声音，王海的心情也随着紧张起来。

“一〇二，你尽管攻击，我在你后面掩护你！”

“明白！”王海放心地加速向前赶去。敌人的长机套进光环了。但同时，后面的敌机也赶了上来。真是螳螂捕蝉，黄雀在后。只要几秒钟误差，就会被后边的敌机咬住，而前面的敌机也会眼睁睁地溜走。战机就在分秒之间，必须果断。王海把后边的敌机暂时甩在一边，专心瞄准敌人的长机，冰雹似的发射炮弹。

就在这时，后边也响起炮声。原来，焦景文从侧面直穿过去，对准那架正想溜走的敌僚机开了炮。炮弹撕裂空气，发出刺耳的尖叫。两架敌机先后被击中，拖着浓烟直往地面钻去。

“都捶下去了！”焦景文兴奋地叫道。王海的心头也涌起一阵喜悦，正准备拉机头爬升，突然，耳机中传来焦景文急促的声音：“一〇二！赶快躲开，后面有狐狸！”

还没来得及回答“明白”，王海即机警地把机身向右一偏，红色的曳光弹呼啸着从他机翼下飞过。好险！敌人的炮弹落空了。

王海把稳操纵杆，试试各部机件，一切都像过去一样操纵自如。他轻蔑地冷笑一声：“想占便宜，没那么容易！”

说话间，敌机呼的一下，冲到了他的前头。哪能放过它！王海立即加大油门追了上去。大约追了一分钟光景，王海扭头看了一眼，战区已离得很远，僚机也不见了。他原以为焦景文一直跟在后面。他用送话器喊了一遍又一遍，可耳机里没有一点声息。

王海心想：不好，必须掉转机头返回战区，寻找僚机。

原来，焦景文在击落敌机后，一直跟在长机后面，一会儿绕到右边，一会儿飞到左边，像一个忠诚的卫士一样为长机警戒。眼看四架敌机越来越近，他急促地向长机发出警报，来不及再说别的，就扭头拦击，和敌机缠斗起来。他旋风似的在敌机群里穿来插去，左挡右拦，一会儿反转上升，一会儿俯冲攻击。一场激烈的搏斗之后，敌机终于被他赶走了。哪知道，贴着山坡又来了八架敌机，偷偷地咬上焦景文，向他偷袭。

当王海赶回战区时，已经晚了。透过一片带有火药味的烟雾，他发现正与几架敌机缠斗的僚机已起了火。他怒火中烧，一边大喊：“一〇三，跳伞！快跳伞！”一边一推机头，猛扑到焦景文座机的上空。敌机见势不妙，一掉屁股向海上溜去。王海复仇心切，哪里肯放，拉上翻下连续攻击六次，把一架敌机打得凌空爆炸，这才舒了口气，心里默念：“焦景文，我给你报仇了！”

就在这时，马保堂和刘德林这一对双机也截住了偷袭焦景文的几架敌机，正厮杀得火热。刘德林看到起火了的马保堂不顾一切地穿过六架敌机的火网，风驰电掣般向敌机扑去。刘德林看得真切：虽然马保堂现在占有有利的位置，可以攻击下面的任何一架敌机，可他后面的六架敌机对他威胁很大。

长机遇到危险！刘德林一转机头，咚，咚，虚发两炮，把六架敌机吸引到了自己身边。敌机死死地缠住了刘德林，

但他毫无惧色，敏捷地驾驶着战鹰在敌机的包围圈中上下翻飞，左冲右突。这时，马保堂在顺利击落一架敌机后，也冲了过来。两个人互相掩护，交替攻击，各击落一架敌机，其余四架见大势不好，向东南方向落荒而逃。

返航的命令传来了，长机都安全地撤出了战斗。刘德林驾机迅速撤离战区。突然，一个白莹莹的蘑菇般的东西映入他的眼帘。啊！那一定是焦景文的降落伞。为了掩护焦景文脱离险境，刘德林没有急于返航，而是围着降落伞翻上翻下地盘旋，直到降落伞淹没在丛林中，刘德林才放心地驾机踏上归途。

1952 年初，王海所在的部队回国进行休整、训练。2 月 1 日，毛主席亲笔题词："向八一〇三部队表示热烈祝贺。"有了毛主席的鼓励，大家训练得更有劲了。5 月 1 日，王海大队重返朝鲜前线。随着整个战局的发展，美帝国主义侵朝空军大机群起飞一天天多起来了。相比之下，志愿军空军的飞机数量还比较少，因此战斗起飞十分频繁，经常连续作战。一大队和兄弟部队一样，投入了更紧张更艰苦的战斗。他们不但学会了编队作战，能做多种战术动作，而且已经能带领初战的兄弟部队作战了。

1952 年 8 月 5 日中午，王海率领八架米格 -15 战斗机掩护空军十二师三十四团的八架米格 -15 战斗机深入平壤以南沙里院地区打击美国轰炸机编队。在沙里院以南向左转弯时，发现下方三千五百米高度有 F-84、F-80 共十二架。在九团的掩护下，三十四团击落击伤敌机三架。王海大队先是在九千米高空掩护，后下降至三千米搜敌。这时发现八架 F-80 作"螺圈阵"，对这种熟悉的战法，王海再次击落了敌机一架。

1952 年 12 月 3 日 14 时 50 分， 王海大队正在进餐，总部突然下达了战斗命令：七十二架 F-86 掩护 56 架 F-80 战斗轰炸机在平壤、永柔地区进行扫射轰炸。王海奉命率一大队十二架战鹰赴 2 号战区迎敌。飞行员们匆匆冲进飞机座舱。15 时 05 分，十二架米格 -15 呼啸着冲向蓝天。一路上编队实行无线电静默，直扑清川江而去。到达清川江上空时，地面指挥员发出指示："注意！左前方距离二十公里，有小狼！"王海定睛仔细观察，果然发现在清川江南边有四条花蛇般的东西滑了过来。"一〇二，前下方，我发现四只小狼，没有投掉副油箱。"焦景文向王海报告。

为什么这里只有四架？打不打呢？打，敌人会不会反扑？不打，往南赶下去，敌人增援上来怎么办？王海在脑海中仔细地盘算着。长期的空战经历，已把他锻炼成为一名经验丰富、有勇有谋的空中指挥员。根据以往敌机活动的规律，王海断定这里的敌机不止四架。他转念又一想：敌机副油箱没投，可见他们没瞧见我们，那就先打他个猝不及防，把他们赶走。

主意已定，王海发令，十二架战鹰向四架敌机围了上去。敌机遭到突然袭击，慌慌张张投掉副油箱，加快速度逃窜。王海没有贸然下令追击，而是命大家整理好队形，等待敌主力机群过来再打。果不其然，这四架敌机刚刚逃走，一大群敌机排成"品"字队形，多层多路，黑压压地压了过来。他们哪里料到王海率领的一大队正等着他们呢。

见敌机已完全暴露在面前，王海发出了攻击的命令。顷刻之间，十二架战鹰猛扑下去，二十架敌机一下子乱了阵脚，被冲得四处乱窜，有的拼命往下滑，有的掉过头就往回溜。见敌机群已被冲散，王海命令飞行员们采取各个击破的办法，向下层的敌机展开攻击，自己则依旧在高空盘旋，一面观察，一面掩护警戒。战斗使王海变得更加沉着、冷静。

没多大工夫，飞行员张守兰首开纪录。他一通炮火击中一架敌机的油箱，敌机顿时冲出浓烟烈火，一头栽到海里。“单机注意，单机注意，后面有狐狸！”耳机中传来地面指挥员急促的声音。王海急忙四下观察，只见前面低空里有两道黑色的烟带。他从高空向低空直冲下去，大约离前面的飞机两千米远时才看清那是一架返航的友机，后面两架敌机在玩命地追赶。

王海一加油门奋起直追，同时大声喊道：“前面的单机是谁，赶快作反转脱离。”耳机中传来焦景文的声音：“一〇二，后面来了四只小狼，赶快开炮，把后面的小狼赶跑！”

“明白！明白！”

焦景文提醒得正是时候。王海立即按动炮钮。敌机见遭到攻击，拐弯就逃，王海立即向左压坡度，从斜刺里直插过去，炮口又冒出一串串火舌。只见一架敌机摇晃着朝下栽去。

“一〇二，小狼从后面攻击，注意！”焦景文再次急促地喊道。王海回头一看，果然有几架敌机从后面靠了上来。

他决定和僚机分头脱离，互相掩护。“一〇三，扩大间隔！”王海发令。“明白，明白！”焦景文回答。

为了给长机创造更多的攻击机会，焦景文决定把敌机都吸引到自己这边来。他急蹬右舵，向东北方向拐去，与长机分成两叉。

过了一会儿，王海的耳机中传来焦景文微弱的声音：“一〇二，我不能掩护你了，你要注意后面警戒。”

王海的心一阵发紧，他大声喊道：“一〇三，一〇三……”没有回音。“你在哪里？你在哪里？一〇三……”王海喊得嘴唇发干，嗓子发哑，可仍旧没人回答。

王海哪里知道，此刻焦景文正同敌人打得难解难分。刚才，他把四架敌机引到自己的身后，眼看长机已经没有危险，他正想摆脱敌机，突然嘣的一声，飞机猛然一震，震得他眼睛发花，脑袋发晕，一股冷风吹进座舱，像无数针尖刺向他的脸颊，耳机里什么也听不见。焦景文定了定神，发现座舱盖已被掀掉了一半，只剩下一些锯齿般的碎玻璃片。他试了试操纵杆，还能操纵，便驾机照直往前飞。

两架凶狠的敌机并没有放过焦景文，在后面紧追不舍。焦景文左拐右滑，一连躲过敌人几次狠命的攻击。忽然，敌机停止射击，一架向后转朝南飞去，另一架直冲到他的近旁。原来敌机没有炮弹了，而焦景文的炮弹也早打光了。又飞了好一段路程，可那架敌机还是跟着不放。焦景文恍然大悟：敌机这是要逼迫我撞山或跳伞。他一下子来了火，侧转翅膀迎头向敌机撞去。他下了狠心：今天我回不去，你也别想回！敌飞行员被这突如其来的壮举吓傻了，掉头就跑。出色地完成了掩护长机的任务后，焦景文驾驶着多处负伤的飞机向机场飞去。机场上，战友们正因为没有看到焦景文的飞机而焦急地等待，尤其是王海特别

孙生禄烈士

不安。因为自入朝以来王海和焦景文一直保持双机协同作战，紧密配合。这位英勇的僚机飞行员，不但出色地完成了掩护长机的任务，而且每次空战都能打下几架敌机。每次有人向王海称赞他这支空中部队时，他总是回答说：“其中很重要的一点是因为我有一架出色的僚机。”如今没看到焦景文的飞机归队，王海心里怎能不着急？正在大家万分焦急的时候，随着一阵马达的轰鸣，焦景文的飞机缓缓地降落到跑道上。大家都惊喜地拥上去迎接他，只见焦景文的飞机竟有二十余个被打穿的孔洞。

这一次空战打得非常惊险，但是也很圆满。事后得知，与他们作战的就是美空军王牌飞行队——第二次世界大战中声名赫赫的第五十一大队。在两支空中“王牌”的较量中，王海率部与四倍于己的美机作战，共击落 F-86 飞机九架，击伤三架，逼敌机坠海一架。为了表彰焦景文的功绩，志愿军空军领导机关特授予他“二级战斗英雄”和“特等功臣”的光荣称号，朝鲜民主主义人民共和国政府颁发给他“一级战士荣誉勋章”。

但是在这次空战中，我志愿军空军也损伤了两架飞机，并牺牲了孙生禄这样一位空中英雄。在战斗中，王海的战机被四架飞机偷袭，而他正在与前面的一群敌机周旋，无暇顾后。紧跟在后面的孙生禄便奋不顾身地向着四架敌机冲去。美国飞行员一见孙生禄这个架势，吓得抱头鼠窜。孙生禄咬住一架敌机开炮，可是另外两架敌机也狡猾地跟了上来。他刚想左转摆脱这两架敌机，忽然看见左前方另有四架飞机气势汹汹地向志愿军机群冲过来。“是自己甩开敌人脱离险境，还是冲上去援助战友？”在这危机万分的时刻，孙生禄把自己的生死置之度外，他急蹬右舵，拦住了敌机的去路，使自己的机群当即脱离了险境。敌机攻击未果，又有十架敌机疯狂地冲上来。孙生禄毫无畏惧，冒着弹雨，上下翻滚，同敌机英勇地搏斗。敌人的炮火越来越密集，孙生禄的战机多次被击中，操纵起来非常困难。看到他的战机在空中摇晃，僚机马连玉大声疾呼：“五十四号，快跳伞！”孙生禄听到了战友的呼唤，但是他仍然顽强地坚持着，因为他想自己多坚持一分钟，战友就多一分安全，胜利就多一分把握。他继续驾驶着千疮百孔的战机与敌人纠缠在一起，终于飞机起火了。英勇无畏的孙生禄驾着熊熊燃烧的战鹰向敌机直冲过去，与敌人同归于尽了。

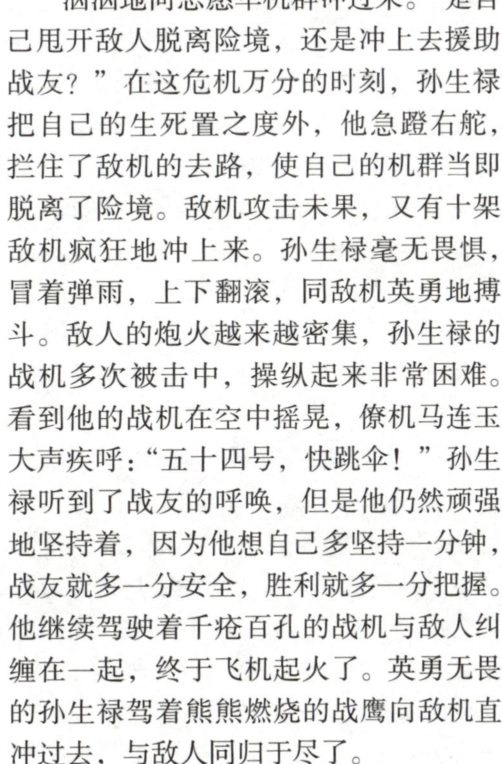

这一次空战胜利结束了，志愿军雄鹰凯旋，取得了前所未有的好战绩。但是我们年轻的“空中突击手”孙生禄却把自己的热血洒在了秀丽的清川江上，为了战友的安全，为了整个战役的胜利，他毫无畏惧地献出了自己的生命。为了纪念孙生禄的不朽功勋，中朝人民联合

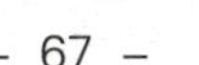

空军司令部、政治部授予他“特等功臣”、“一级战斗英雄”的光荣称号。

就这样，一大队在王海的率领下，打一仗，进一步，越战越勇，越战技术越精，成为一个英雄辈出的战斗集体。到抗美援朝战争结束时，王海大队共参加空战八十余次，击落击伤敌机二十九架，荣立集体一等功。飞行员人人都创造了战绩，每架战机上都涂上了象征着击落敌机的红五星，成为共和国空军的第一支王牌飞行队，被誉为“英雄的王海大队”。王海在整个朝鲜战争的空战中，创造了击落击伤敌机九架的辉煌战绩，也被誉为“当今世界上敢和美国空军较量的唯一的空军司令”。由于战功卓著，中国人民志愿军领导机关特决定给他记特等功、一等功，授予“一级战斗英雄”荣誉称号。1953 年 1 月 10 日朝鲜民主主义人民共和国最高人民会议常务委员会授予他二级国旗勋章，同年 11 月 8 日再次授予他二级自由独立勋章及军功章。

战场归来，再创佳绩

从技术到纪律，从编队到指挥，从打小仗到打数百架飞机参战的大空战，在血与火的战场上，王海很快成长为一位优秀的飞行员和空中指挥员，成为中华人民共和国成立初期的王牌飞行员。在他的带领下，中国空军飞速成长起来。尚在弱小和稚嫩的时候就敢冲上血与火的战场，与世界空中霸主较量。经过朝鲜战场一战，面对志愿军空军的英勇善战，美国远东空军不得不承认，“中共空军在鸭绿江和清川江之间占了几乎绝对优势”，远东空军的飞行员们称这一地区为“米格走廊”。美国空军参谋长范登堡在考察战场后也感叹说：“中国几乎一夜之间就成了世界上主要空军强国之一。”

1984 年 7 月，王海同当时的国防部长张爱萍将军访问美国。在会谈开始前，张爱萍同志向美方介绍我国军事代表团的成员，介绍到王海的时候，当时任美国空军参谋长的加布里埃尔将军走到王海面前，握住王海的手说：“你就是那个朝鲜战场上的王海？我当年在朝鲜就是被你打下来的。”王海笑着说：“如果你们再来进攻我们，我们还要把你们打下来。”王海的话音一落，会议室里响起了一片笑声和掌声。二十余年后，硝烟已逝，战歌已远，战场上的对手再次相逢时，只有和平的欢颜。在这和平的背后，我们有了强大的空军力量，有了足够捍卫祖国的胜利之剑——王牌空军！

当然，英雄也并非只有常胜的时候。王海在其《我的战斗生涯》中回忆道：“1953 年 3 月 27 日的一次空战中，我遭遇到四架敌机的攻击，机翼和发动机同时受损，无法迫降，只得跳伞。对于飞行员来说，这是一次痛苦的经历。那痛苦并不是痛惜自己的生命差一点丧失，而是痛惜损失了中国人民用血汗钱购买的飞机，痛惜在与敌人交手时遭受了挫折。”

抗美援朝后，王海曾担任过空军部队的师长、副军长、空司军训部第二部长、军区空军司令员、空军副司令员等职。从大队长、团长、师长、军长一直到空军司令员，王海这位战斗英雄始终保持着自己在朝鲜空战中表现出来的勇气与探索精神。1985 年 7 月，王海被中央军委任命为中华人民共和国第五任空军司令员，全面领导空军的现代化建设。在他担任空军司令员期间，空军的飞行训练、飞行管理逐步走上正规化道路，

具有大学本科学历、能飞三种气象的飞行员成为我国空军航空兵部队的主体，部队整体作战能力和反应速度显著提高。1988年王海被授予空军上将军衔。

在王海走上王牌榜的同时，王海大队的每个队员也各自获得了应有的荣誉：中队长孙生禄烈士，击落击伤敌机七架，一级战斗英雄，他为了保护空中指挥员和机群安全，驾驶着熊熊燃烧的飞机冲向敌机群；王海的僚机焦景文，击落击伤敌机四架，二级战斗英雄；刘德林烈士，击落敌机三架，一等功臣……

应该记住的空军英雄，还有在抗美援朝战争中打下第一架敌机的战斗英雄李汉；击落美国“喷气机王牌驾驶员”戴维斯的战斗英雄张积慧；一次战斗就击落四架敌机、创造人民空军一次空战个人击落敌机最高纪录的刘玉堤；还有后来在国土防空作战中，不顾个人安危，奋勇援救战友，在飞机负重伤的危急情况下击落两架敌机而英勇牺牲的战斗英雄杜凤瑞烈士……

老一辈英雄们用他们勇敢顽强、不怕牺牲的精神铸就的威武铁拳捍卫了祖国的尊严，犹如颗颗恒星，照耀着后来人沿着他们的足迹不断向前。面对世界的风云变幻，人民空军站在新的军事革命挑战的前沿，又托起了新一代跨世纪的凌空天骄，他们用胜利之剑护卫着祖国美丽的蓝天。

中华民族是崇尚英雄的民族。虽然，半个世纪前朝鲜战场的硝烟已在人们的记忆中渐渐消散，但在那个时代，为捍卫正义而斗争、而牺牲的英雄们毕竟影响了几代人。年轻的人民空军以英勇顽强的大无畏精神创造了奇迹，无论时代怎样进步，他们的精神是永存的。

“标语王”刘瑞龙

文/佚 名

刘瑞龙

在川陕革命根据地，红军共留下大小石刻标语一万五千余条。由刘瑞龙亲自策划和撰写的，至今仍保存着四千余条，成为全国绝无仅有的一道红色风景线。刘瑞龙堪称中国红色标语第一人。

刘瑞龙原在中共江苏省委任农委书记兼军委委员。1932年秋，由于叛徒陈资平出卖，他险些被捕，党组织便派他到川陕苏区工作。1933年春，刘瑞龙化装成商人，化名王大舜，随交通员崔凤远到达川陕苏区的通江。通江是川陕苏区重镇，驻有中共川陕省委、川陕省苏维埃政府和红四方面军总部。在这里刘瑞龙出任红二十九军政治部主任、川陕省委宣传部部长、红四方面军政治部宣传部部长。

川陕苏区建立后，一直处于恶劣的战争环境，如何把苏区人民发动起来，壮大红军队伍，巩固工农政权，党的宣传工作就显得特别重要。担任宣传部部长的刘瑞龙深感肩上的担子很重。

刘瑞龙上任不久，在调查中发现，通（江）南（江）巴（中）地区属于喀斯特地形，山高石多。在刘瑞龙眼里这些石头可不单是石头，也是做好宣传工作的有力武器。他在这些天然的石头上打起了主意，开发出独具特色的宣传形式——石刻标语。

在刘瑞龙组织策划的众多标语中，影响最广、名声最大的当首推“赤化全川”这幅标语。

1934年3月，通江县沙溪乡景家塬村的大崖上，红四方面军錾字队正在刻一条“国民党是帝国主义的走狗”的标语，当刻好“国民”二字时，刘瑞龙检查工作正好路过这里。錾字队的同志抓住这个难得的机会，请部长提点意见。刘瑞龙大声读了两遍，觉得这条标语字数太多，镌刻于崖，字体不可能太大，难显磅礴壮观之气势，缺乏冲击力。他

思考片刻，提议改为“赤化全川”，既简洁，又明快，字体可刻得大而醒目，给群众视觉和心理的强烈震撼。

回到通江城之后，刘瑞龙一直在考虑由谁来书写“赤化全川”这四个大字。后来有人向他举荐巴中恩阳一位姓张的小学教员，说张教员书法遒劲，字体飘逸，深得名家真传。刘瑞龙一听恩阳有此奇人，兴奋不已，马上赶到恩阳，恭请张教员献墨宝。张教员被刘瑞龙的真诚感动了，泼墨挥毫写下了“赤化全川”这四个大字。

红军錾字队为早日完成这个錾字大工程，队员们晓行夜宿，日日不休。他们用麻绳拴住箩筐，人坐在箩筐里，从崖顶用绳子放下，人悬在半空中作业，横平竖直，精工细刻，历时两个月方才完工。“赤化全川”，单字高 5.9 米、宽 4.9 米，笔画深 0.35 米、宽 0.9 米，笔画道里能卧下一个人；字距 7.1 米，整个字幅面积为三百平方米。石刻雄踞山崖之巅，十里八乡，望之了然，更以其强大的影响力向省内外辐射。

红四方面军开始长征后，当地豪绅地主阎升平、阎际风等人，以一石二斗小麦为赏，令甲长阎成文组织人将“赤化全川”标语铲除。当地群众知道后，为保护红军留下的精神财富，提前用稻草灰调米汤将标语糊上，使石头上看不出字迹。群众智慧和巧妙保护，使这幅巨型红色标语得以幸存。

刘瑞龙不仅以策划和撰写红色标语而闻名，同时，也以在长征途中结合党对少数民族的政策，研究民族问题，制定民族工作守则，推动党的民族政策在全军的贯彻执行，而留下独特的一笔。

在长征中，红四方面军两次翻越大雪山，三次走过草地，历尽了艰难险阻。对刘瑞龙而言，长征虽是艰苦的，但长征也孕育着胜利的曙光。会当凌绝顶，一览众山小，他始终充满革命乐观主义精神。他登上夹金山就留下了这样的诗句：“策骑攀北麓，晨雾冷阴浓。嘘气成冰滴，奋力登顶峰。政雾晴万里，红日浴絮云。万山回吟啸，举首揽太清。”

1936 年春天，红四方面军长征到达四川北部的藏区甘孜。刘瑞龙利用工作间隙，努力研究少数民族问题。为了缩短与少数民族群众的距离，更好地进行沟通，他拜藏族群众为师，学习普通用语。当地老乡见他没有官架了，平易近人，都愿意收他这个汉人为“徒弟”。

功夫不负有心人，经过深入调查研究，在总结部队开展民族工作经验的基础上，刘瑞龙把党对少数民族的政策和做群众工作应注意的事项归纳起来，制定了《藏回地区工作须知》《藏区十要十不要》《回区十要十不要》等简明易行的少数民族工作守则。

刘瑞龙既注意制定政策，也注意躬身实践。他听说甘孜白利寺的格达活佛是爱国高僧，便决定拜访他，向他表明共产党北上抗日的主张。开始格达活佛对红军将信将疑，心存戒心。一次拜访不行就两次，两次不行就三次，经过多次努力，格达活佛对红军有了了解和信任。在红军粮食筹措十分困难的时候，格达活佛利用自己在藏区的崇高威望，带领白利寺的僧俗群众，征集了青稞一百三十四石、豌豆七十二石和许多骡马、牦牛来支援红军，使红军渡过了难关。

（文章选自《解放军报》）

回忆晋南两次战斗

文 / 姜庠璧

强渡沁水

1939年6月7日，国民革命军二十七军军长范汉杰率领所部第四十五师、第四十六师、预备第八师，经过十天强行军，从陕西禹门口、韩城、龙门、平民、朝邑、风陵渡，绕道潼关直至河南灵宝渑池渡口，强渡黄河，进抵山西古城、南村，攻取垣曲，阻止日军强渡黄河西进。

全军进抵沁水，为河川及山洪所阻，交通不便，补给困难，加上日机白日不断空袭轰炸，只能夜间行动，这对大部队行军，更增添了许多困难。其时正值五六月的梅雨季节，连日大雨连绵，山洪暴发，河水涨落不定。原有简易桥梁，均被山洪冲垮，或遭到日军破坏，我军被洪水所阻，三昼夜不能前进。范汉杰军长焦急万分，命令第四十六师师长黄祖勋派工兵营（我任营长）在二十四小时内完成赶搭浮桥的任务，以便全军顺利通过沁水河。如限期内不能完成，即按军法从事。

我奉命后，即向全营官佐传达说："全军能否按时渡河，责任完全落在我营官兵肩上。必须克服一切困难，下定不怕牺牲的决心，坚决完成这一艰巨而光荣的任务。"随即命令第三连竭力沿岸寻觅船只，其他各连及营直属部队官兵，马上上山伐树，扎木排。梅雨季节山洪涨落不定，困难的确很大。木排在涨水时放下，夜间雨停水退又被搁浅了；等你费了九牛二虎之力，但水又涨了，山洪流速又急，木排很快就会被冲跑，确实急人。师长黄祖勋到现场观察到这种情景，也默默无言。我向师长保证："想尽一切办法，哪怕是全营牺牲，也要完成架桥任务。"当即召集全营官佐宣布："我们决不能向困难低头。要不惜任何牺牲，坚决完成任务，我们军人在祖国需要的时刻，就是牺牲生命，也是光荣的。"我讲完话，首先跳进河里，全营官佐和士兵见状，都纷纷往河水中跳。顶着湍急流水，拼命将木排拖住，终于搭成了浮桥脚架，控制住木排不被冲跑。这时第三连也弄来了几只木筏子，奋力搭成了一座简易的浮桥。

我营军官大部分是军校的后期同学，少数是教导总队留下来的，素质和技术都比较好。全营官兵都能以国家民族利益为重，在水中泡了三天两夜，轮番顶住木排，不顾饥寒困倦，与洪水搏斗，终于胜利搭成了几座浮桥，完成了全军渡河的任务。古人说："众志成城。"只要大家一条心，没有完不成的任务，也没有克服不了的困难。

团城浴血奋战

第四十六师攻克垣曲后，我奉命随同苏参谋长及各团团长，赴距垣曲城约二十公里的团城一带侦察地形，选择前沿阵地。团城是垣曲北面的门户，地势险要，丘陵连绵起伏，是敌军必经的要道。阵地选定后，苏参谋长命我工兵营一日一夜完成构筑好前沿阵地的野战工事。我立即召集全营军官下达命令并划分地段及工区，为避免敌人发觉，暴露我军企图，命各连迅速造饭，就地休息待命，黄昏开始动工。由副营长绘制工事构筑、火网分布要图，送呈师部，请求师部指令师通信连，立即完成架设通讯网。

全营官兵从黄昏时起，虽经一整夜的奋力赶筑，因工程浩大，拂晓前尚未完成，就闻北方传来炮声。我派出的前哨排也发射信号弹，报告发现敌情。我即命各连迅速进入阵地，并命令各连长指挥时要沉着镇静。在敌人炮击时，进入掩蔽部内隐蔽，在阵地上派人观察敌情，待敌人进入我火网有效距离时，再猛烈还击，节省弹药，不准乱放枪。同时我立即派传令兵飞速向师部报告，表示坚守阵地与阵地共存亡的决心。

敌人黎明开始向我阵地炮击，时断时续达数小时之久。8时许，敌步兵猛烈向我阵地发起攻击。我部从上海抗战转战至晋东南，士兵英勇应命，连排长多系军校毕业生，部分出身教导总队，都能单独作战。敌人三次进攻都被我击退，尸横遍野。我营两个连长受伤，三个排长阵亡，士兵伤亡达三分之一，损失虽极严重，但官兵死守阵地，寸步不动。特别是前哨排只剩下十二名士兵，仍在排长的指挥下战斗。当敌人进攻我营主阵地时，他们从敌侧后进行夹击，打得敌人晕头转向，四散奔逃，有如丧家之犬，使我营主阵地仍坚如磐石。前哨排在战斗中勇猛顽强，立了大功。副营长不幸阵亡，我也负了轻伤。战斗到下午3时左右，师部命令第一三六团派了一个加强营来增援，才将敌人击退。换防时，我集合全营官兵清扫战场，看到英勇牺牲和受伤的官兵很多，大家不禁失声痛哭。我率领全营向光荣牺牲的烈士遗体默哀致敬后，才率队后撤，立即请求上级指派卫生部队将烈士的遗骸就地掩埋。

当我率领全营回到垣曲时，师长黄祖勋率师部官佐，已在大路上等候。我向师长敬了军礼，只说了一句：“报告师长，任务完成了。”眼泪夺眶而出，往下再也说不出话来了。师长当即慰勉我营官兵：“为了国家民族的生存，牺牲的官兵是光荣可敬的。”师长随即传令对我营官兵进行了表彰犒赏，并晋升我为中校营长。今天事隔数十年，但记忆犹新，更油然引起我对在抗日战争中为国献身的先烈们的怀念和敬仰之情。

停山头伏击战

文 / 张建华

抗日战争期间，我县的停山头伏击战，打得非常漂亮，战果辉煌，曾受到泰西专署和泰西军分区的庆功嘉奖。我亲自参加了这场战斗，当时任三连五班班长，至今记忆犹新。

战前，我八路军六支队平阿四营（营长刘子仁，政委安贞，总支书记田化一）驻湿口山一带。1940 年 12 月 31 日晚 8 点，全营紧急集合在小河边。刘营长讲话，他说："同志们，明天是 1941 年的元旦，我们要过新年，用什么来庆祝呢？"大家齐声回答："用胜利来庆祝新年！"刘营长听后高兴地说："同志们回答的和我们想的一样。我们要打个大胜仗，用胜利品来庆祝！我命令每连选拔四十名同志，再加上咱营的通信班、侦察班，用一百五十人去打四五十个敌人，我想消灭他们是有把握的。具体的任务到目的地后再部署。"接着营政委安贞同志又讲了话，他说："日本狗强盗，仍然执行他的'烧光、杀光、抢光'三光政策。现在敌人想把抢到的老百姓的铜子和麦子运走，再用铜子造成子弹来打我们，用麦子养活日本狗强盗，我们坚决不答应！要完成营长交给我们的光荣任务，把敌人消灭掉，把东西夺回来。同志们有没有信心？"大家又齐声回答："有！要坚决完成任务！"

当晚的 12 点，部队向西北方向进军，夜里 3 点钟到达停山头。布好岗哨后，又在山西腰的一座庙院内，刘营长部署了具体任务。他说："根据可靠的情报，日本鬼子有六辆汽车拉着抢来的铜子、麦子，经过这里往济南运。我们一定要在这里把敌人消灭，把所有物资夺回来！"刘营长讲后又叫政工干部领导参战人员研究、讨论这个仗如何打法（即发扬军事民主），他便带着班长以上的军事干部去察看地形，分配具体任务，落实作战方案。在停山头村东北公路拐弯处，用板和石头设置了路障，堵塞公路。各班、排、连分布在公路两旁，埋伏在深沟里。我带着一个班埋伏在西小磨盘山乔家林里，堵截敌人的逃跑之路。

具体战斗方案确定后，刘营长又作了战前动员，提出了具体要求。要求大家注意节省子弹，每个人只准打两发，要发挥手榴弹和刺刀的作用。同志们都遵照命令，迅速进入了各自的阵地，去做战前准备，单等敌人的到来。

那时，天已很冷了。我们只发了棉袄，下身还穿着单裤，又加上急行军和战前的准备，都出了一身汗。同志们趴到沟里等敌人到来时，两腿冰得似针扎刀割一样，黎明时冻得更厉害，但没有一个叫苦的。

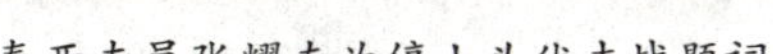

泰西专员张耀南为停山头伏击战题词

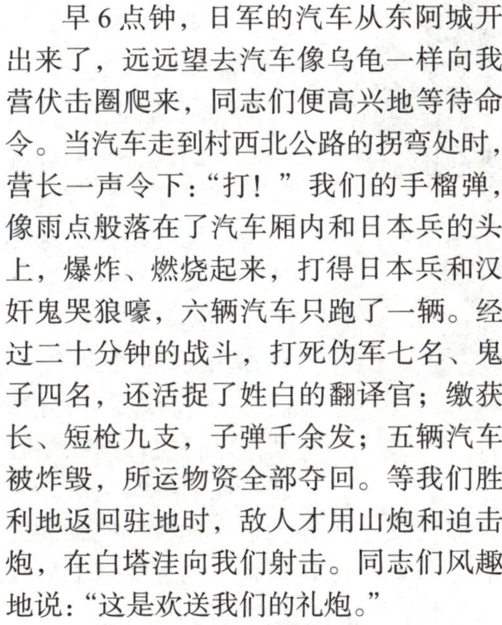

早6点钟，日军的汽车从东阿城开出来了，远远望去汽车像乌龟一样向我营伏击圈爬来，同志们便高兴地等待命令。当汽车走到村西北公路的拐弯处时，营长一声令下：“打！”我们的手榴弹，像雨点般落在了汽车厢内和日本兵的头上，爆炸、燃烧起来，打得日本兵和汉奸鬼哭狼嚎，六辆汽车只跑了一辆。经过二十分钟的战斗，打死伪军七名、鬼子四名，还活捉了姓白的翻译官；缴获长、短枪九支，子弹千余发；五辆汽车被炸毁，所运物资全部夺回。等我们胜利地返回驻地时，敌人才用山炮和迫击炮，在白塔洼向我们射击。同志们风趣地说：“这是欢送我们的礼炮。”

这场战斗，我们损失很小，只有我班战士李玉珍的手，被敌人的子弹打穿，负了轻伤。返回驻地后，我们过了一个欢快胜利的新年。

我记得三天以后，泰西军分区用红字标题出了停山头伏击日军的捷报，通报表扬了我四营的胜利。事后，又在孝直西野场村召开了授奖表彰大会。会上，泰西专署张耀南专员讲了话，并授予我营“战无不胜”的锦旗一面。泰西军分区李冠元政委、专区妇联主任郭军以及我们县的熊善隆县长讲了话，赞扬了我们的战绩，鼓励我们再接再厉，争取新的更大的胜利。

雁翎队寒夜除奸

口述/杜仲奎　整理/高树森

1937年10月，日军侵占了白洋淀。为我军杀敌方便，党组织派遣我扮“白脖”打入敌人内部搜集情报，采取里应外合的方式，端掉了敌人不少岗楼。至1944年，我又回到我军当中继续进行与敌公开的斗争，担任了安新县（安州）除奸团（雁翎队）队长，经常昼伏夜出，清除那些为日军卖命的大汉奸、大特务。

杜仲奎

高国安系安新县（安州）城人，此人一贯效忠日军，死心塌地与我军对抗到底。他搜集我军情报提供给日军和汉奸队，对我地下工作人员抓捕残杀，横行霸道，抢男霸女，作恶多端，是日军的铁杆汉奸。白洋淀地区广大民众提起高国安就咬牙切齿恨之入骨，想扒他的皮，吃他的肉。

1944年12月的一天，徐建同志在游击区三台镇传达县敌工部的指示：根据白洋淀广大民众的迫切要求，必须在近期让雁翎队设法活捉或打死高国安这个狗汉奸。初冬的一天，我们在游击区寨子村接到被我党利用的吴山（小特务）送来的情报，说高国安明天赴保定市特务机关领功受奖去，他今夜住宿于县城东关外姘妇家中（吴山之妻）。徐建同志听后马上召集雁翎队人员说明情况与人物特征，其中我、徐果（徐建之弟）、杨彦彬、刘玉海、田章、王成如等组成突击小组，每人携带手枪和长枪各一支，由游击区寨子村跋涉穿越青纱帐（冬季保留着），奔赴敌占区白洋淀县城东关门外。

在漆黑的田野中前行后乘木船渡过大清河，我们头顶蒙蒙细雨与星点雪花，踏着既湿又滑的泥泞路快速穿越青纱帐。在路过县城南关门外的石庄村时，轻轻敲开一个小酒铺的门，每人饮了一两白酒，以花生仁为酒菜暖暖身体，继续前进。来到县城东关门外一个小寨村，找到我地下工作者李树棠同志，他在沉睡中醒来迅速穿好衣服做我们的向导。

小寨村离县城东关门外有三里薄冰面的路程，由于水浅不能行船，只能赤足蹚着三里薄冰水面路才能到达目的地。李树棠同志带领大家在雨雪交加的夜晚顶着西北风前行。在伸手不见五指的深夜里，来到薄冰水面路前，大家脱掉鞋子卷起裤腿，有的队员刚刚下到薄冰水里立即上岸来，受不了冰凉的刺骨痛。

此刻徐建同志挺身而出带头下到薄冰水面中，当我们两脚踏到泥泞刺骨的泥水中时，冻得浑身发抖，上下牙齿直打架，我们就手拉手地向前摸着走。为了坚决完成党交给的任务，一股革命热流涌上心头，两脚不感到那么刺骨痛了。经过二十余里艰苦跋涉终于到达目的地。大家到岸上穿好布鞋，悄悄摸到县城东关门外的敌伪岗楼跟前，顿时听到岗楼上敌人乱叫口令，我知道敌人这是心虚害怕。我们顺着敌人岗楼向左侧转去，奔向大特务高国安的住处。我们悄悄摸到他的住所墙外，用人梯翻过院墙，直奔高国安的住所门口，再三小声令他开门，但鸦雀无声。随即对他讲我党对敌伪军的宽大政策，此时他的姘妇开了房门，但不燃灯，徐果同志用备好的化学牙刷燃着（那时无手电筒）向屋内抛去，照得屋内红亮。当我们闯入屋内，只有他的姘妇一人。

经查找发现木柜底下露出衣角，我用手枪对准他命令他出来，顿时高国安像个癞皮狗似的从木柜底下爬了出来。刘玉海同志用绳子捆起高国安，由我负责押赴。穿越青纱帐时，发现隐隐的斑点光亮，这时高国安企图逃跑并喊叫起来，此刻敌伪军从岗楼上开枪射击。

在这紧急情况下，来不及请示徐建同志同意，我当机立断把高国安就地击毙，但未击中要害。我伸手摸他的头部，他狡猾地装死，我随即连发三枪将他击毙。我们安全回到游击区时天已微亮。当日白洋淀县城内外的敌伪军深感恐惧，广大民众闻知击毙了大汉奸高国安，个个喜笑颜开，拍手称快，感谢雁翎队为广大民众除了这一大害。

激战海岸岭

文 / 吴震海

每当我乘车往返于海（口）那（大）公路，途经临高县和舍圩以西约两三公里处时，总要打开车窗，举目朝东南方向瞭望海岸岭及附近山头。那里，林木葱茏，一派碧翠。虽然岁月已经冲淡了那些属于昨天的烈火硝烟，但它却不能抹去我心灵深处的记忆。六十一年前发生在海岸岭的激烈战斗的情景又历历在目。

左为吴震天，右为吴震海

1949 年初，我琼崖纵队根据当时海南的形势，对敌拉开了春季大攻势的序幕。2 月底，琼崖纵队一、三、五总队在某地集结，准备攻打敌人盘踞的澄迈县城金江镇。后因金江镇敌人增加兵力，而改变计划攻打金江外围的里万和好保两个敌据点，待机歼灭从金江镇赶来支援的敌人。起初我军只是围而不打或打而不攻，意在消灭敌之援军。但是两天过去了，敌人大概猜到了我军的行动意图，仍然不敢出动。这样，我军只好于 3 月 5、6 两日一举拔除了里万和好保两个敌人据点。这是我军对敌发动春季攻势取得的初次胜利。

为了执行新的战斗任务，9 日夜，我军挥师西进。子夜时分，部队急行军进入临高县境内。一路上，万籁俱寂，满天星斗，夜风夹带着袭人的寒意不断吹拂着。但穿着单便衣的指战员们仍然精神抖擞地向前迈进，万余人的队伍走得非常整齐有序，除了沙沙沙的脚步声

外，听不到说话的声音和物体碰击的响声。借着月光，我前后望着这支不着军装，却有着铁一般纪律的人民军队，心里陡然涌起一种无比的自豪感，更加坚定了我军必胜的信心。正在这时，前面传来了停止前进的口令，接着又听到了原地休息的命令。

这是怎么回事？原来，当部队进入临高县境内不久，地方党政干部就送来情报说："敌保三总队一个加强营约一千人，今夜住宿和舍圩，准备次日走小道经兰洋地区开往那大。"接到情报后，我前线指挥部经过讨论决定：就地埋伏歼灭敌人。于是部署第一总队在敌人前往那大的必经之路——海岸岭一带沿途埋伏，待敌人进入我大部队伏击圈后，出其不意发起猛烈攻击；第三、五总队在海岸岭侧翼隐蔽，战斗打响后再迂回包抄，以求全歼敌人。这个战斗命令，激励着每个指战员的心，战斗情绪顿时高涨起来。

拂晓前，各部队都已进入各自阵地。

情报非常准确。10日早晨，太阳尚未露脸，敌军果然开出和舍圩，大摇大摆地直奔海岸岭方向而来。7点钟左右，敌人一个负责搜索的尖刀排走到海岸岭脚下，便停下来东张西望，指手画脚嘀咕了一阵，忽然调转方向朝山上搜索而来。这里，是我第一总队七团一营一连的阵地，十分重要。一连是七团主力营的主力连队，经历过多次战斗考验，是一支英勇善战，思想作风和军事素质都过得硬的连队。该团把一连安置在这个重要的前沿阵地，其用意是非常明显的。本来，总部的意图是让敌深入我大部队的伏击圈后，再发起总攻。没想到狡猾的敌人临时改变搜索方向，这对潜伏在山顶上的一连无疑是严峻的考验。因为如果一连被敌人发现，过早暴露目标，势必影响整个战斗计划的顺利进行。因此，尽管敌人尖刀排距离一连阵地越来越近，战士们枪弹已上膛，手榴弹已揭开盖子，但是为了坚决维护总队的行动计划，他们仍然忍耐着、克制着，一动也不动地隐蔽在山头上，尽可能不首先对敌人开火。此刻，敌人还一步一步地往山上爬。当敌人走到离一连阵地前沿六七十米远的时候，忽然停止了向上搜索。大家以为敌人尚未发现我军，心里暗暗松了一口气。

这时，一轮火红的朝阳从远处的山头露出来，阵地的景物变得清晰起来了。约7时30分钟许，敌人忽然首先向我前沿阵地发来了三发炮弹。随着轰轰轰的响声，密集的炮弹呼啸而来，接二连三地在一连阵地周围爆炸。

原来，敌人已发现了我军在海岸岭上埋伏的部队，于是他们率先动手，调集了一个炮兵连和一个步兵连向我一连阵地发起猛烈攻击。敌人先用炮火轰，然后由步兵连进攻。面临情况的突然变化，一连除了沉着应战，奋起阻击，已经别无选择。顿时，喊杀声、步枪声和手榴弹声大作。敌人发射的炮弹，掀起了朵朵白色的烟团，被晨风吹拂，立即化成浓雾在整个阵地上空缭绕、弥漫。炮声震撼着空旷的山谷，发出嗡嗡的回响。

第一轮进攻过后，敌人又打了一阵迫击炮，接着步兵连继续向一连的阵地疯狂攻击。敌人想抢占一连控制的制高点，这是我一连指战员意料之中的。指战员们决心同敌人拼到底，与阵地共存亡。面对成排成连敌人的频频进攻，战士们毫不畏惧，顽强地阻击敌人。有点军事常识的人都知道，在一个战场上，敌我双方的力量不太悬殊的情况下，谁要想掌握战斗的主动权，进而驾驭整个战斗乃至夺取整个战斗的胜利，就要牢牢地控制住这个战场的制高点。如果一连控制的制高点被敌人抢占，那么我军就会陷入被动，整个战斗计划就会被全盘打乱以至影响战斗的最后胜利。所以上级命令七团，无论如何一定要固守海岸岭阵地。

约莫9点钟，这场争夺与反争夺制高点的恶战仍在激烈进行，敌我双方的伤亡人数都在逐渐增加。当时，纵队指挥部以为敌人只发现我埋伏在海岸岭的部队，所以仍按兵不动，沉着等待敌人遭到七团顽强阻击后，掉头进入我伏击圈再发起全面攻击。没想到顽固的敌人死死咬住海岸岭前沿阵地不放。一连阵地成了敌人急于突破的目标，战斗异常激烈残酷。岭上的树木和杂草几乎被炮火烧光，数不清的弹坑把整个山头弄得面目全非。敌人的战术依旧是一个格式：先炮火轰，后步兵攻，所不同的是敌人进攻的频率比之前更快，势头更凶猛了。但我一连指战员毫不示弱，寸土不让，他们沉着顽强，英勇地击退了敌人一次又一次的疯狂进攻。这时战斗已到了白热化程度，争夺战像拉锯似的，一会儿敌人抢占了山头，一会儿又被我军夺回来，这样反复了几次，双方都付出了很大的代价。在阵地前沿，横着数十具敌人的尸体。我一连指战员也大部分负伤和牺牲了，只剩下副排长羊才良（儋县籍）和十七名勇士。但他们在凶恶的敌人面前，脸不变色心不跳，表现得非常勇敢顽强。在没有其他连排干部的情况下，羊才良同志勇敢地担负起战场指挥重任，继续率领十七名勇士英勇地击退了敌人多次进攻，保住了阵地。直到该团一营、三连赶来增援后，又击退了敌人的几次进攻。10点多钟，海岸岭阵地仍被我军牢牢地控制住。

这里，有一小段插曲。我七团一连有部分儋县籍干部战士。在战斗中，他们用儋州话对敌喊话，敌军官以为同他们作战的是我九团部队，便用粤语喊道："弟兄们，他们是共军九团的，冲呀！"这样，成排的敌人就像发疯似的向山上冲，结果都被我军击退了。为什么敌人对九团如此仇恨呢？原来，这几年我军九团曾同敌保三总队（两广兵）交锋数次，每次都使敌人吃了大亏。特别是1948年6月某日，敌保三总队进攻白沙阜龙乡保家村，在战斗中，我九团英勇地阻击敌人，战斗从上午9点打到下午3点才结束，击退了敌人的多次进攻，最后迫使敌人丢盔弃甲，狼狈地逃回那大。这次战斗，我军击毙击伤敌团长以下官兵几十人，缴获轻重机枪各一挺、步枪多支、其他弹药及军用装备一批。从此，敌保三总队对我九团恨之入骨，发誓要寻机消灭九团以报仇雪耻。可现在敌人却把七团当作九团打。他们哪里知道，被他们骂为"匪"的人民军队，每一个群体都是钢铁堡垒，无论哪一个团队都是不可战胜的！

海岸岭的战斗仍在激烈进行。一总第九团（大部分干部战士系儋县籍）埋伏的地段，是在海岸岭东南方向一个岭脚下的小道边。这里距海岸岭约两三公里，除了一条从海岸岭山脚下延伸出来的羊肠小道，举目是一望无际的原始森林，其间荆棘丛生，古藤盘绕，的确是

琼崖纵队

琼崖抗日先锋纪念碑

位于海南省琼山云龙圩的中国工农红军琼崖纵队改编旧址

出没于丛林中打击敌人的琼崖纵队战士

第一排左四为吴震海

埋伏的好地方，九团的任务是在这里伏击敌人。没想到部队刚刚布置就绪，海岸岭那边就传来了隆隆的炮声，不久又听到密集的枪声和手榴弹爆炸声。九团的指战员猜到七团已经与敌人接上火。敌情可能有变。部队焦急地等了两个钟头，仍不见敌人的影子出现，大家意识到敌人不可能进入九团伏击区了。就在这时，总队部的通信员（当时叫传令兵）气喘吁吁地跑来向九团传达上级首长的命令："立即从海岸岭左翼包抄敌人！"团长周永吉、政委崔樊峰、副团长羊志诚和政治处主任吴方定等领导同志交换意见并分工后，马上传令各营（一营长黄兹源、教导员黄统保；二营长张强、教导员林克全；三营长张业新、教导员李祖传）出击。但是，由于山高林密，地形复杂，部队运动受到极大影响，每前进一步都非常困难，行动很缓慢。加上没有向导，部队绕了一个大圈子，等到与敌军接触时已经是 11 点多钟了。进攻海岸岭的敌人，发现我军包抄过来，见势不妙便放弃对七团一连的进攻，边打边撤。我九团乘胜追击，击毙、击伤和俘虏不少敌人。

海岸岭东侧六七百米远处，有一座无名山头，约五六十米高。山上长满了灌木丛和杂草，敌人退守在上面顽强抵抗我追击部队。敌人用步枪、机枪一齐向山下扫射。与此同时，东北方向的敌人炮兵也不断向九团和其他兄弟部队阵地滥轰，九团追击敌人受阻。12 点多钟时，团长命令一营必须在下午二时前拿下这个山头。下午一时许，全营发起强攻，但敌人居高临下，火力十分猛烈，我军伤亡数人，进展很缓慢。这时，一

营距山脚尚有两百米远，而且前面是坡地，虽有一些土堆、土埂和灌木丛可利用，但是要想接近山脚仍十分困难。因此，就采取步步为营的办法，利用地形地物逐步接近敌人。将近下午1点30分，部队已靠近山脚下。一营决定由副营长黎炳礼率领一连（连长陈元德、指导员符振丰）主攻；二连（连长符放元、指导员彭国治）作预备队；三连（连长袁克民、指导员陈同二）作掩护，对敌人发起猛烈进攻。2点左右，三连所有的机枪、步枪一齐向山上敌人开火，借着火力掩护，一连的指战员立即向山顶猛扑过去。他们边冲边打，冲到山脚时又遭到敌人疯狂扫射。三排长李元业、战士吴景林等几位同志光荣牺牲，政治服务员吴显义和女看护长等人受伤，主攻连队又受阻。为了尽快夺取敌人占领的山头，营长马上命令二连配合一连攻击敌人。鼓动士气的冲锋号响了，在三连的火力支援下，一、二连指战员立即冒着敌人密集的炮火勇猛地向山上冲锋。经过一阵激战，主峰终于被我军攻克！敌人扔下十多具尸体狼狈逃窜。我军紧追猛打，敌人又退到东面一个低矮的山包上企图负隅顽抗，但是经不起我军的猛烈冲击，最后只好弃下阵地落荒而逃……

整个海岸岭战场的枪炮声渐渐稀疏下来了，战斗临近尾声。正当一营指战员站在山头上兴高采烈欢呼胜利时，退缩到和舍圩的敌人不甘心自己的失败，趁机用机枪向我军射击。一营及时撤出阵地，没有造成伤亡。

整个海岸岭战斗，从上午7时打响，到下午4时结束，共九个小时。我军共击毙击伤和俘虏敌官兵一百五十多人，缴获轻机枪六挺、步枪多支、其他弹药和军用物资一大批，取得了很大的战果。但是，从更高的角度看，这次战斗，我军在数量上占绝对优势，本应全部或大部消灭敌人。未能达到预想目的的原因有二：一是由于敌人过早地发现我军，未进入我军伏击圈；二是我军当晚临时进入阵地，不了解该地区的地形地貌地物，加上都是原始森林，战斗打响后，因部队包围圈过大，未能及时合围歼灭敌人。

战斗结束后，部队打扫完战场撤离时已是夜间11点多钟了。经过两个小时的夜行军，才到达儋县木排老根据地，此时已是次日凌晨2点钟。虽然部队连续一天两夜行军作战，没有吃饭睡觉，极度饥饿疲劳，但指战员的战斗情绪仍很高。为了使部队尽快恢复体力，迎接新的战斗任务，前线指挥部决定休整两天。3月13日，部队继续向儋县境内进发，准备攻打敌人盘踞的儋县县城——新州。

红军鞋

文 / 刘耀华

我们来到大雪山下。当地老百姓把大雪山叫作“神山”，意思是说除了“神仙”，就连鸟也飞不过去。还有的说，有年天旱，百姓们抬着菩萨上山求雨，事先没有吃斋，神仙一怒，把人都扣留下了，一个没下来。人们讲得有声有色，煞有其事，把我们弄得也感到大雪山有点神秘可怕。

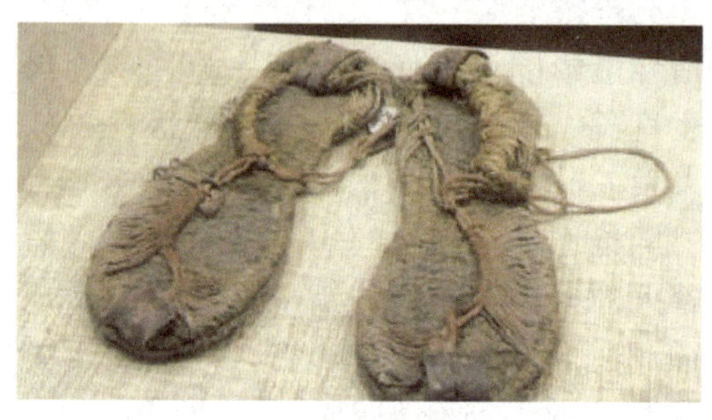

红军鞋

为了消除部队的顾虑，军团首长向我们讲明了雪山的情况。毛主席也说：“神山”不可怕，红军应该有志气，和神山比一比，一定要翻过山去。这些话，给了我们莫大的鼓舞。

出发前，上级规定每人要准备两双鞋，把脚保护好，而且特别强调，要认真执行。

我除了脚上的烂草鞋外，就剩一双拴在皮带上的“量天尺”了。我把它解下来，用手掂量着，心里涌起无限的感念。一首在江西中央苏区流行的山歌，又在我的耳边萦绕着：

送得哥哥前线去，
做双鞋子赠送你，
鞋上绣了七个字，
红军哥哥万万岁。

想起这首山歌，也就想到了我们离开中央苏区时的情形。

那时候，我们每个人的心里都十分难过，舍不得离开亲如骨肉的人民群众。老乡们的心情也和我们一样，知道我们要出发，一清早就抬着各样的慰劳品来送别。一个老大爷拉着我的手，把一双“红军鞋”塞给我。这是一双非常结实的布鞋，鞋帮上绣着“慰劳红军战士”、“杀寇立功”的字句。他嘴角抽动了半天才说：“孩子，带上这双鞋吧。这鞋一穿到红军的脚上，那就成了‘量天尺’了，地再广，山再高，你们也能把它‘量’完。”我看着老大爷，看着他手里的鞋子，感动得说不出话来。

从那以后，这双鞋就挂在我的腰间，成为我最好的伴侣。在艰难困苦的时候，常常鼓舞着我奋勇前进，去消灭敌人。

记得在离开江西的最后一次战斗中，我的脚负伤了。当时既没有医药，也没有担架，我只得每天拖着负了伤的脚，艰难地走着。实在坚持不住了，我第一次从腰里解下‘量天尺’穿在脚上。鞋底软绵绵的，特别舒服。一穿上它，就想起了苏区人民的希望，也就忘了伤痛。不久伤口好了，我的鞋底也磨去了不少，舍不得再穿，就又把它包起来挂在腰上……

打遵义，我们连担任攻城任务。打得正有劲，我突然感到腰部有些疼痛。仔细一看，原来是一颗子弹穿过鞋子，紧挨在腰骨旁的皮肤上。要不是这双鞋，这颗子弹一定够我受的。同志们见了，都替我高兴，说这真是“救命鞋”。没有负伤，我心里十分高兴，可是也很惋惜，因为鞋子被穿了一个大窟窿。以后，我加倍地爱惜它。

现在要过大雪山了，我拿着鞋又想起那位老大爷说的话，心里充满了力量。是的，红军的脚是“量天尺”。我们就是用这个“尺”，从瑞金一步一步“量”到四川来的。今天我们又要用它来“量”这座连鸟也飞不过去的大雪山了。

天蒙蒙亮，我们就开始爬山。朝上望望，只见云雾蒙蒙，山顶直插云霄。再往上走，天气突然变了，狂风吼叫，雪花飘飘。我是江西人，很少看到下大雪，起先，东瞧瞧，西望望，倒觉得蛮有趣。谁知越向上爬地势越陡，一会儿竟下起鸡蛋那样大的冰雹。狂风夹着冰雹，吹打在我们只穿着一件夹衣的身上，浑身真像刀刮的一样。我看雪的兴致早就消逝得无影无踪了，但又不敢歇下来休息。我亲眼看见有三个同志抱在一起停下来想暖和一下，但他们再也没有站起来。我暗地里流着眼泪，怀念着被大雪吞没的同志，心里十分难受。

我是个炮兵，肩上扛着四十五斤重的迫击炮炮筒，走起来就更难了。我踏着前面像雪梯似的脚印，一步一步往前移，脚被雪冻得失去了知觉，曾几次跌倒。每当我倒下，看到脚上的“量天尺”，心里就感到一股热劲，好像有许多苏区的老乡在背后推着我前进。

终于爬过了雪山，我坐在山根下的一棵树旁边，低头看看那双“量天尺”，它沾满了冰泥，脏得不成样子，真有点心痛。幸好除了子弹打的那个洞以外，别处还没有破，我赶忙把它脱了下来，磕掉泥巴又挂在腰上。

一盘辣子鸡

供稿 / 江西文明网

罗荣桓

罗荣桓身边来了一个小勤务员，这孩子长得大脸圆圆，伶俐活泼，小勤务员的任务是照顾罗荣桓的生活。抗战时期经济条件十分艰苦，干部、战士每月三元钱津贴，每天五钱油、五钱盐、五钱菜金。罗政委和大家一样吃大锅饭，每天吃带壳子的高粱掺地瓜干做的煎饼，菜汤里见不到油花。小勤务员每次打饭回来，都绷着脸噘着嘴，他是看罗政委工作紧张，吃这样的饭菜，身体一天天瘦下去，心里难受呀！

一天，小勤务员给罗政委端来一盘香喷喷的辣子鸡，罗政委板着脸问："小鬼，哪里弄来的？"小勤务员说："房东大娘送来的。"罗政委问："三大纪律第二条是什么？"小勤务员答："不拿群众一针一线。"罗政委问："那你为什么把鸡肉拿来了？"小勤务员噘着嘴："又不是我拿的，是房东大娘看您为革命操心太辛苦送的。"罗政委说："给房东端回去！……慢点，你怎么说？要说谢谢她的好意，咱们八路军有纪律，不能随便吃老百姓的东西。"

小勤务员原想让罗政委改善生活，欢欢喜喜端来一盘好菜，没想到碰了一鼻子灰，一肚子委屈把辣子鸡端回去了。不一会儿小勤务员空着手回来了，背后跟着房东的小姑娘。她端着辣子鸡，腼腆地笑着说："首长，吃吧！这是俺娘的一点心意，俺家都不吃辣，是特意给你做的菜。你要不吃，俺娘就生气了。"小姑娘说完，扭过身子就跑了。罗政委想：房东一片好心，不要怕人家见怪。于是他对小勤务员说："小鬼，去喊警卫来，咱们会会餐。不过有一条，吃完了一定按价给钱，用我的津贴费，办得到吗？""办得到！"小勤务员高高兴兴地说着，嘴也不噘了，跑出去喊警卫员会餐。

后来有一次，八路军特务营消灭了一支地主武装，缴获了不少粮食。特务营的事务长对小勤务员说："小鬼，把这点东西拿给罗政委。"这可咋办？送给首长肯定挨批，退回去又来不及了。边走边思量。末了，他想出了主意，一回去就把东西交给管理科长，请管理科长去请示罗政委后，把东西送到大伙房。

晚饭时大伙的饭菜里多了一块鸡肉。晚饭后，罗政委把小勤务员叫来，表扬他说："今天你做得很好！往后下面给我的东西都交到管理科。"这次，小勤务员笑了。

八女抬我赶部队

口述/黄健民　整理/卜金宝

黄建民

黄建民，河北饶阳县人。1930年8月生，1946年入伍，1947年入党。曾任山西省军区政治部干部处长、石家庄高级陆军学校政治部副主任兼干部部部长等职。1988年被授予少将军衔。

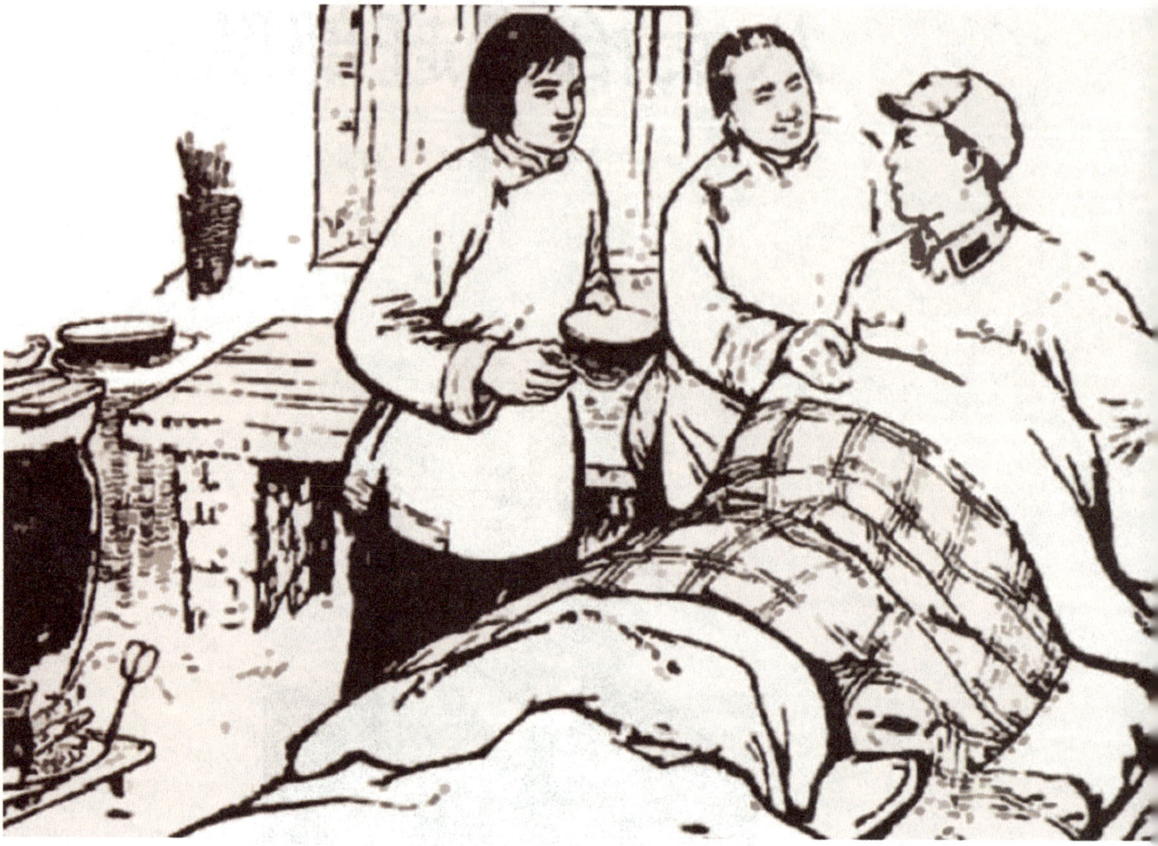

1948 年夏天，我在晋察冀野战军三纵队补训团当通信员。为了寻找战机，消灭敌人的有生力量，部队在冀东地区进行了大范围地机动转移。每天行军上百里，每到宿营地后，首先要完成徒步通信任务。连续几天的长途行军，加上伙食保障也遇到困难，身体觉得特别疲劳。

一天下午 2 点多钟，天气闷热，正在行军途中。我突然感到肚子疼痛，在一棵大树下上吐下泻，浑身发软，瘫倒在地上，难以站立起来。大部队迅速前进了，我离部队越来越远，而敌人就在我们身后不远的地方，我的处境非常危险。此处距前边的村庄约有三里，我想如果到宿营地后，首长看不到我一定很着急，同时还有通信任务要我去完成。所以，我一定要赶上部队，就是爬也要爬过去。我咬紧牙关，走走停停，摔倒了又爬起来，挣扎了一个多小时，终于到达了前边的村庄。

进到村里，迎面遇到了一位青年民兵。他看我身体非常虚弱，还背着一支步枪和一个背包，当他问清我的情况和赶部队的想法后，就帮助我拿上背包，把我搀扶到一位六十多岁的老大娘家里。老大娘看我病成这个样子，心疼地把我扶到炕上，用家里仅有的两个鸡蛋，给我做了一碗鸡蛋汤。她亲切地说："孩子，大娘这儿没什么好吃的，喝碗汤暖

暖身子吧。”大约下午4点多钟，那位青年民兵找来了八位年轻女同志和用几根木棍绑成的简易担架。她们看我扭扭捏捏不好意思让她们抬，就热情地说：“现在是打仗的时候，男青年都去支前了，就让我们抬你去找部队吧。”然后，不容我分辩，连拉带抬把我弄到了担架上。只听那位青年民兵用命令的口气说：“你们一定要在天黑以前，把这位解放军同志送到部队，有天大的困难也要克服。”一位姑娘坚定地说：“请连长放心，我们一定完成任务。”这时我才知道，原来他是这个村子的民兵连长。

一路上，担架在八位女子的肩上轮流抬着。有时路窄难走，她们一方面尽量保持速度，一方面又小心翼翼地保持着担架的平稳。盛夏的天气，骄阳似火，八位女子个个汗水淋漓，把衣服都湿透了，但谁也不说一个累字，谁也不说休息。她们喘着粗气，一口气抬了我近三十里。天黑前，终于把我送到了部队的宿营地，把我交给了部队首长。当时我清楚地记得，一位年轻的妈妈怀里抱着一个吃奶的孩子，担架在八位女子肩上轮换，孩子也在八位女子怀中轮流抱着。由于天热和饥饿，孩子不断地哭着喊娘……几位女子还指着我小声说，才十几岁，还是个孩子，就离开了父母，当了解放军（当时我才十七岁，个子长得矮），还不是为咱老百姓？我们决定把他送到部队。

我到部队后，经过诊治，病情好了许多。第二大，我又骑着老乡的一头毛驴随部队转移了。后来才得知，就在我们转移的第二天下午，敌人就侵占了那个村庄。是她们抬着担架及时把我送到部队，是她们给了我第二次生命。